7

SEVENSIGNS

José V. Rojas

Daring to be a true follower of Jesus

Pacific Press® Publishing Association
Nampa, Idaho
Oshawa, Ontario, Canada
www.pacificpress.com

CONTENTS

Spanish

5 • *Hay señales*
10 • *La señal del Salvador*
15 • *La señal de su reino*
24 • *La señal de su pueblo*
31 • *La señal de su misericordia*
40 • *La señal de su fidelidad*
48 • *La señal de su carácter*
58 • *La señal de su Espíritu*

English

There Are Signs • 3
The Sign of the Savior • 8
The Sign of His Kingdom • 13
The Sign of His People • 21
The Sign of His Mercy • 28
The Sign of His Faithfulness • 36
The Sign of His Character • 44
The Sign of His Spirit • 53

THERE ARE SIGNS

"For the Jews request a sign, and Greeks seek after wisdom; but we preach Christ crucified, to the Jews a stumbling block and to the Greeks foolishness, but to those which are called, both Jews and Greeks, Christ the power of God and the wisdom of God" (1 Corinthians 1:22–24).

The life that makes the most impact on earth does so as the result of the work of the Holy Spirit. It's what God does through the life of a humble, courageous servant of people. These three attributes—humility, courage, and servanthood—are what distinguished the character of Christ during His ministry two thousand years ago. In God's plan, they're also the foundation on which God builds our lives. Yet many people today still don't understand the impact of the simplicity of Jesus' character. Because these three character traits are based on love, people generally perceive them as weakness.

When Jesus was born in Bethlehem, the people He had come to save had already developed ways of thinking that would make them automatically resist almost everything Jesus was to teach them. They analyzed everything Jesus said or did in terms of their preconceived notions of what the Messiah was supposed to do when He came to this earth. For example, when Jesus arrived on the scene, the Jews expected that God was going to send a mighty military Messiah who would liberate Israel from the dreaded Roman Empire. Rome had conquered much of

Europe, the Middle East, and Northern Africa at that time, and that iron regime had required taxes and obedience from the people.

Israel's history was filled with the stories of how God's powerful interventions had led His people out of Egypt with a mighty hand and had performed great miracles in the wilderness until they reached the promised land of Canaan. Miracles continued to define Israel's experience throughout the generations, as God intervened many times to preserve His people when they faced military threats. It comes as no surprise, then, that by Jesus' time, the people of Israel had come to expect miracles from God as a sign of His presence.

Logically, then, over the years, many Jews rebelled against Rome. The insurgents, who came to be known as zealots, called on their fellow Jews to fight the occupiers. These zealots hoped that their uprisings would bring the divine miracle of God's intervention. However, the Roman legions that occupied Israel brutally crushed each insurgency.

During the same time, Greece responded in a very different way. Greek culture tended to focus on the pursuit of knowledge. Great philosophers such as Socrates and his intellectual heir, Plato, among others, had so influenced Greek culture that the Greek people commonly considered human reasoning as more important than most other pursuits. So, Jewish culture required miracles, and Greek culture required knowledge.

We face these same demands in our world today. Many people constantly need miracles to prove God exists and is with them. Other people need lots of human reasoning to explain every element of existence, and when they're not satisfied, they reaffirm their atheism. Jesus of Nazareth confounded all these expectations when He ministered love on this planet. He had a way of confronting every angry, preconceived, violent notion about what the Messiah was supposed to do.

From the very beginning, observers noted that Jesus called literally anyone to follow Him. The list of His disciples included uneducated fishermen, a known embezzler, an active zealot, two youths who still needed to grow up, a shady accountant, and others about whom we know very little or nothing. When you look over the list of disciples, you see essentially a ragtag group of misfits who gave little credibility to the Messiah who had come to save Israel!

How could Jesus call such unqualified people? I'm sure there were many in Israel who could have done a better job of following Him. Why would Jesus do such a poor job of choosing the best in Israel? Why did He instead ask the worst of Israel to follow Him?

Jesus' rationale for choosing His disciples teaches us something about His method of working on this earth. Someone once said, "People develop methods; God develops people. People are God's method." Jesus called twelve sinners to be disciples. He called them because He saw what they could become as they walked daily with Him. These disciples were to learn that Jesus' kingdom is not of this world. They were also to learn that God would soon call upon them to make even more disciples for Christ in a chain reaction that would change the entire world!

To save humanity

Although Jesus performed many miracles each day among the people, He didn't perform the type of miracles that the leadership in Jerusalem demanded. And while He appealed to the reasoning of the people, He didn't offer the logic that the thought leaders of His time expected. Yet Jesus fulfilled His mission to save humanity from the clutches of Satan. He did it according to His Father's will and not ours. He chose never to use His own power; instead, He always used His Father's love to heal, to persuade, and to call people to repentance and to discipleship. The priests at the foot of the cross were right. Jesus did not come to save Himself, although He could have. Instead, He came to save us! That is why the apostle later recorded Jesus' declaration, "I have come that they may have life, and that they may have it more abundantly" (John 10:10).

The loving miracle Jesus performed on the cross dispelled the disciples' expectation of an angry military miracle that would liberate them from Rome. At the cross, Jesus defied human reasoning, revealing instead a loving God who truly is willing to die for unworthy people who are lost in their sins. At the cross, Jesus made clear that His kingdom is not of this world. This is why the apostle Paul pointed out that to Jews, the cross was a stumbling block, and to the Greeks, it was utter foolishness. But, as he said, to those of us who today are called to be His disciples, Christ is the power of God and the wisdom of God!

After His resurrection, Jesus fellowshipped with His disciples in Galilee for forty days. During that time, He told them that they would do everything they had seen Him do, and He added that they would do these things "in greater measure." Jesus outlined several of the gifts that would arise among them, including healing, teaching, preaching to governors and other leaders, and even the casting out of demons.

The most powerful moment by the sea occurred when Jesus called on His disciples to "go therefore and make disciples of all the nations, baptizing them in the name of the Father and of the Son and of the Holy Spirit, teaching them to observe all things that I have commanded you; and lo, I am with you always, even to the end of the age" (Matthew 28:19, 20). Jesus couldn't have made it any simpler; this was a call to discipleship. To be a disciple is not merely to follow Jesus but also to learn from Him and to be transformed into His character. The mystery of the simplicity of love confounds the world. That mystery continues to this day.

Someone once said that God accepts us just as we are but He loves us so much that He won't leave us that way. And history shows that God does indeed transform people into His image. The experience of being a disciple is so powerful that God literally changes our lives. There is a Latino proverb that says, "Tell me who you're with, and I'll tell you who you are." When you live with Jesus, you become more like Him.

The experience of discipleship with Jesus becomes a passionate journey that leads to making more disciples. The blessing is so wonderful that you can't wait to tell someone else what you've seen in Him. Like Jesus, His disciples also meet the needs of others and then talk about His kingdom from personal experience with Him.

There are signs, seven signs, that identify disciples of Jesus. In these seven signs we see a definition of what Jesus' disciples look like and what God does through their lives. The signs are uncomplicated and straightforward. They give us a glimpse of a way of life that is so simple and yet so dynamic that it leads us to produce more disciples for Jesus.

True Christian discipleship is a way of life, not merely a list of beliefs. God foretold that this movement would come. God is calling you to be a part of its fulfillment.

THE SIGN OF THE SAVIOR

*forgiveness - admitting guilt of
receiving forgiveness build a bridge
to a relationship w/ God*

*" 'For God so loved the world that He gave His only begotten Son, that
whoever believes in Him should not perish but have everlasting life. For
God did not send His Son into the world to condemn the world, but
that the world through Him might be saved' " (John 3:16, 17).*

One of my favorite songs is a ballad that tells the story of a
person who walked through a train station looking at the many
people there. With a soft air of compassion, the song describes
the pain in the heart of a person who looks at so many people
rushing through and compares them with the countless people
who are lost in this world. It paints a picture of many carrying
"their luggage full of shame." The train they are boarding leads
to death, and the melody drifts into a sense of sadness. The lyrics
confirm, "The heart of man through the ages needs to be forgiven and free."

But then the song transforms into a hopeful note with lyrics
that say, "And I'm filled with a deep compassion, like my Father's
given me. I will always preach the gospel, to the ends of the
earth, till everyone has heard, Jesus is the way to the heaven-
bound train!"

Just go outside and look around. We live in a world that appears to be alive but is instead dying on the inside. Deep within
the hearts of many, there is no hope. When we turn on the television, we hear of humanity's great desire for peace on earth and

then see follow-up stories of war and crime happening both in our neighborhoods and around the world.

I have worked in ministry in many places and with people of many cultures for almost three decades now. During this time, I have come to understand one great truth about our modern and postmodern societies: We can bring everything down to a lowest common denominator when we look at the greatest need that people have today.

Some would suggest that our greatest need is for food. Hunger is indeed an extreme emergency of staggering proportions in many places on earth. Every three seconds, someone dies of hunger on our planet!

Others would say that an increased knowledge of biblical teachings is a greater need. However, in the thousands of personal encounters I've had with people—whether in a private setting in a church, beside a stage in a stadium, at work, in a home, on a plane, or in the halls of government—I've heard the same issue arise continually. *People have a primal need for forgiveness.*

Guilt causes many of the dysfunctions we see in homes today. Guilt in the lives of parents often tears families apart, and the parents, in turn, transfer guilt to their children. At work, we see guilt driving much of the overcompensating that goes on between employees. Some churches have as members people who claim a type of holiness because they behave in certain religious ways, while at the same time, these people are treating others with harsh brutality in the name of God.

I have friends who have served in the armed forces and who now live with deep-seated trauma that has resulted from their having seen so much death. Guilt that arises from having survived the war or from seeing mistakes that led to the death of innocent people or from merely having been victorious in battle hurts many veterans so deeply that they need counseling and other support.

Guilt is very real. The Bible correctly refers to the devil as "the accuser of our brethren" (Revelation 12:10). Satan does his job well. He keeps us off balance enough to prevent us from having meaningful lives that produce fruit for the kingdom of God.

The ministry of Jesus is God's direct response to our guilt. Jesus didn't come to this planet because *we* are good. He came because *He* is good. Jesus didn't come because *we* are strong. He came because *He* is strong. The Bible triumphantly tells us, "While we were still sinners, Christ died for us" (Romans 5:8).

But for people to experience forgiveness of sin, they must respond to Jesus with contrite hearts. He will never force forgiveness upon anyone who doesn't want it. Imagine how difficult it is for Jesus to want desperately to forgive someone, yet to find that person doesn't want to be forgiven. Many choose simply to cover and deny their guilt rather than surrender to the Savior. Others fear that God asks too much in return for forgiveness.

An important principle that we cannot miss here is that Jesus has done everything that He asks us to do. Jesus would never ask you and me to take a step He didn't take. He always shows us an example of what He means and then invites us to follow Him in response. Although Jesus is the Son of God, He never used His divinity in any way to give Himself an advantage over us. In all things, Jesus was tempted just as we are, but He never sinned. Jesus chose to remain fully human and depended on His Father just as He invites us to depend on His Father today.

Already accepted

Are you aware that "God so loved the world that He gave His only begotten Son, that whoever believes in Him will not perish but have everlasting life"? (John 3:16). God demonstrated His love in sending Jesus. Then Jesus gave Himself completely for us on the cross for the purpose of paying for our guilt and saving us from our sins.

Today, many do not accept Jesus' invitation to be His disciples because they haven't yet realized that Jesus has already accepted them. But this is where the good news of the gospel truly becomes sweet. Jesus already accepts you. He's already paid the price for your sins, and He's offering you forgiveness. Will you accept Him?

Remember that when God forgives, He forgives to the uttermost. Perhaps another way to understand the intensity of the power of forgiveness is to look at an example that occurred recently in South Africa. Many moments of incredible healing were seen during the Truth and Reconciliation Commission hearings held after the fall of apartheid, which had separated the races and caused so much injustice and pain for generations in that great nation.

During one hearing, a black woman sat in the witness chair facing the commandant who had ordered her sixteen-year-old son and her husband killed for "causing chaos" during demonstrations against apartheid. This commandant had ordered the woman's son killed and burned in front of her and his bones and ashes taken away. Later, this same commandant and his troops, in a nightmarish operation in the middle of the night, took away her husband and, after two years, killed him, burned his body, and discarded the bones and ashes.

The commission room became still as the committee members asked the tearful woman what should be done with the commandant, who now admitted to being the man who ordered these atrocities against the woman's family. Everyone looked toward the woman on the stand. The silence was so palpable one could almost feel it.

The woman looked up mournfully and gazed straight into the eyes of the perspiring commandant. Humbly, she asked,

"Can you take me to where my husband's and my son's bones and ashes are? I would like to give them a proper burial." Then she told the man that she forgave him, and, in a spontaneous release of overwhelming grief, she said, "I have no one to love! You took away the only men I've ever loved. Is there any way you can come to my house once in a while so that I can learn to love you?" Her words overwhelmed the entire courtroom. The stunned crowd spontaneously burst into tearful cries.

The power of forgiveness means more than merely "putting the past behind us." God can truly liberate a tortured soul through the power of forgiveness. What this woman demonstrated extends far beyond the easy talk we hear about forgiveness. The forgiveness the commandant received that day demonstrates that the power of God transforms lives in ways that most of us have never imagined. Incredibly, the commandant and his family did become close friends of the woman who had lost so much at his hand!

Disciples of Christ begin the journey of faith by experiencing forgiveness. Forgiveness bridges the breech that separates us from God. Reconciliation begins when God forgives us and we move toward new horizons with Him.

The apostle John wrote, "If we confess our sins, He is faithful and just to forgive us our sins and to cleanse us from all unrighteousness" (1 John 1:9). The first sign identified in the life of a disciple is the sign of a Savior. Have you seen the sign of the Savior in your life? Today is your day.

THE SIGN OF HIS KINGDOM

The simplicity of choosing to follow Jesus [handwritten]

"At that time the disciples came to Jesus, saying, 'Who then is greatest in the kingdom of heaven?' And Jesus called a little child to him, set him in the midst of them, and said, 'Assuredly, I say to you, unless you are converted and become as little children, you will by no means enter the kingdom of heaven' " (Matthew 18:1–3).

As Jesus went from place to place, He established that He had come to call people to follow Him. No matter who you were, what you had done, or what you had failed to do in life, when Jesus approached you, He would simply walk up to you and say, "Follow Me." (See Luke 5:27.) The simplicity of Jesus' ministry startles me. Through the years, we have somehow become more sophisticated in our understanding of what it means to "follow Jesus." But in the biblical stories, time after time we see the simplicity of the moment when Jesus approached an individual and just invited him or her to follow.

When Jesus called Peter and his brother Andrew, He found them fishing on the Sea of Galilee. These men had probably not attended a day of school in their lives. They weren't known for any significant leadership in town, nor were they probably known as refined men of stature in the community. But when Jesus walked up to them, He said, "Follow Me, and I will make you fishers of men" (Matthew 4:19).

Later, Jesus approached a tax collector named Matthew

while he was still sitting at the table collecting money from his own people to give to the Romans. Not only did Matthew collect taxes, he also cheated people by overcharging them and enriching himself with the suffering of others. Jesus approached this public embezzler and invited him also to follow Him. There must have been a kind of outrage among the people as they saw Jesus inviting a hated public criminal to follow Him. But as Jesus continued from place to place, you could see that what must have confused His fellow citizens didn't stop Him from calling other unworthy followers to walk with Him too.

Jesus was of a single mind, for He had a purpose in calling His disciples. He decided He needed to confront the popular belief that the Messiah would come and liberate Israel from Rome. For too many years, Israel had waited for a political-military Messiah. Now that Jesus was among His people, He sought to demonstrate the reasons for His ministry. He moved decisively to announce and establish His Father's kingdom.

The Jewish people expected their liberation from Rome's dominion. But that task was small compared to what Jesus came to do. He came to pay the price for our sins! He offered liberation from the kingdom of this world! This eternal objective was far beyond the reach of any military venture. The establishment of His Father's kingdom was a greater event than most people could imagine. Jesus knew what He was going to do, but everyone else was going to have to learn what that meant during the three and a half years of Jesus' ministry. *Jesus tried to define the kingdom —*

Not of this world

Jesus said something that He repeated often, sometimes daily, to try to drive home the point of His ministry. He stated unequivocally, "My kingdom is not of this world" (John 18:36). How much simpler could Jesus have said it? In what way could He have said it more clearly? He compared His Father's kingdom to people who owed money and were forgiven by benevolent lords, to wedding feasts, harvests, and many other familiar settings where great blessings came to those who responded to God. Yet time after time, the only response Jesus received from His disciples was the request that He clarify who would hold the most important post in his kingdom once He drove out the Romans!

Be careful what you think of those apparently blind, ignorant disciples. Many people today do a lot of "kingdom building" of their own!

Jesus found Himself responding to people each time they questioned His role in building a new kingdom. As He went from place to place preaching, He consistently worked to explain His Father's kingdom. I'm sure that at times Jesus must have been tempted to think that the people would never understand His mission. But He never gave up.

On a particular sunny day in Galilee, Jesus set out to define His Father's kingdom again through a set of parables that painted simple pictures of what it looks like in the lives of His people. He knew how to appeal to human reasoning. He compared God's kingdom to several everyday things that people could easily understand. (Matthew 13 records these parables.) For the peasants who lived in the countryside, Jesus used examples of seeds, fig trees, vineyards, fields, sparrows, and many other elements of nature that they could relate to and understand. For those who lived in the city, Jesus told stories about money, workers, debtors, landlords, and other symbols with which city people were acquainted. No matter what the setting or people, Jesus made the gospel come to life. He truly speaks our language!

In His first description of the kingdom, Jesus began by saying, "The kingdom of heaven is like a man who sowed good seed in his field; but while men slept, his enemy came and sowed tares among the wheat" (Matthew 13:24, 25). People listened carefully as Jesus described how workers wanted to pull the tares from among the wheat. The farmer asked them to leave the tares alone, assuring them that when the harvest came, the reapers would separate the wheat from the tares. The farmer went out of his way to emphasize that if the workers pulled the tares, they would accidentally uproot the good wheat too.

The astonished disciples listened as Jesus explained that the sower of the seed was "the Son of Man," the tares were "the sons of the wicked one," the good seed were "the sons of the kingdom," the harvest was "the end of the age," and the reapers were "the angels," who would separate the saved from those who rejected salvation when Jesus comes again to redeem His own (verses 37–39).

Jesus made it very clear that pulling tares was not acceptable. As the crowd listened to Him along that lakeshore, many thought of how they themselves were judgmental and how often they had hurt others unnecessarily. The problem of pulling tares out of congregations continues to this day. Some people actually think that God has given them permission to criticize and judge others. Too often, we see well-meaning Christians who, in their zeal to protect a congregation, drive good, innocent people away from the house of God and from His truth.

Like tumbleweeds

In His next example, Jesus said the kingdom of heaven was "like a mustard seed" (verse 31). While the mustard seed is very small, it grows until it becomes a very large bush—like a small tree. It becomes so large that birds can rest on its branches. Imagine such a powerful plant coming from a seed so small! Growing up in California, I remember seeing the dry mustard plants roll like tumbleweeds during strong winds. As these large tumbleweeds roll, they drop thousands of seeds along the way. Those who live in dry climates and underestimate the power of mustard seed haven't pulled enough weeds in their yard! Jesus made clear that just as the mustard seed is small and misunderstood, so people may perceive the

mustard seed

kingdom of heaven to be small and insignificant. However, in reality, it becomes very large and bears huge amounts of seed!

In the next description, Jesus says the kingdom of heaven is "like leaven, which a woman took and hid in three measures of meal" before making her bread (verse 33). Most of us know that when you include yeast in the flour when making bread, the yeast will make the entire loaf rise. Yeast changes bread. So also, the kingdom of heaven changes Jesus' disciples.

yeast

When I attended high school in 1974, there was a bakery on campus. The most precious time of the day was three o'clock in the afternoon, when the bakery would finish baking bread loaves for the day. The smell of fresh bread spread all over campus. At least once a week, a group of us would stand outside the bakery to buy a freshly baked loaf of bread. Each of us bought a loaf from which the steam was still rising. I remember pulling warm chunks—not slices!—from the loaf and placing them in my mouth. If you are having trouble understanding what I mean, go to a bakery tomorrow, buy a freshly baked loaf of bread, and taste for yourself!

Yeast has a powerful effect on bread. So also, when we are part of the kingdom of God, He has a powerful effect on our lives. Nothing else can so effectively make us rise to new levels of existence. Nothing can be more delicious than to experience God's impact on our lives. From time to time, you will find people around you who grow with a special grace. They've experienced the leaven that Jesus has to give. *treasure in a field*

In another depiction of the kingdom of heaven, Jesus compared His Father's kingdom to "a treasure hidden in a field" (verse 44). The man Jesus pictured as discovering this treasure didn't own the field, so he sold everything he had in order to buy it. When he had done so, he rejoiced in his newfound wealth.

Have you ever wanted something intensely? When a person becomes determined to obtain something, it usually means that person considers what he or she has found to be extremely valuable.

religious
martyrs

Think about it: we won't waste precious time or possessions to get something that we don't think is valuable. When I was a child, my father loved cars. And when he saw what he considered his dream car, he would literally sell most of his valuables to raise the money to buy it. Jesus explained that those who come to understand the joys of the kingdom of God will do anything necessary to join it. People who have experienced this blessing are willing to sacrifice personal pleasures, possessions, pet ideas, and anything else that takes the place of God in their lives. Many people come to understand the value of God's kingdom when the Lord intervenes in their lives—when He spares them in a car accident, heals them of a dreaded disease, or miraculously provides the money needed to pay a debt.

In yet another illustration of the kingdom of God, Jesus told the story of a man who "found one pearl of great price" (verses 45, 46). The pearl was so unique and so valuable that the man went out and sold everything he had in order to buy it. A pearl is special—the result of a grain of sand slipping into an oyster and causing an irritation. To eliminate the irritation, the oyster coats the grain of sand with the same substance that coats the inside of its shell. As the oyster adds layers of coating, the pearl grows.

Jesus said there really are pearls of great price. Like pearls from the sea, there are biblical pearls that become precious when we discover them. We can't understand these precious truths from the Word of God until we experience them. But make no mistake, the day we identify one of the precious pearls of the Bible, we will sacrifice the world to have it in our lives.

Finally, Jesus explained that the kingdom of heaven is also like a fishing net. When people go fishing, they intend to catch many fish. They'll keep some of those they catch and throw the others back into the water (verses 47, 48). So, Jesus ends the litany of descriptions of the kingdom of heaven the same way He began. In the first example, He talked about good wheat and an enemy who sowed tares, which, at the end of time, God will separate from the wheat. Now Jesus speaks of catching many fish, some of which will be kept and the rest discarded.

Establishing His Father's kingdom

As Jesus completed His sermon on the kingdom of heaven, people must have stared at each other, amazed at His teaching. He was intentionally moving them from their belief that the Messiah would liberate them from Rome to understanding instead that His mission involved establishing His Father's kingdom.

Many in the audience remembered hearing John the Baptist preach "Repent, for the kingdom of heaven is at hand!" (Matthew 3:2). John had prepared the way for the coming of the Messiah. Now Jesus was among them. They entered the kingdom of heaven by becoming His disciples. To make sure the people could receive this seed of faith in their lives, Jesus used everyday symbols to make the invitation unmistakably specific.

Think of those same people walking home that night. Imagine listening to their conversations as they shared with family members what they had learned by the seashore that day! The kingdom of heaven took on new meaning because of the personal experience they had with Jesus.

The kingdom of heaven can begin today in your life as well. God wants to give you a sense of citizenship, a sense of belonging. The day will soon come when Jesus will make a "new heaven and a new earth" and all the old things will pass away (Revelation 21:1). You don't need to wait until then to begin your journey of discipleship with Jesus.

When I was a teenager in the 1970s, someone conducted a survey. This survey asked, "What do you want to do when you get to heaven?" Most kids answered that they wanted to ride a lion. I was struck at just how shallow an understanding we have of heaven. The reason for heaven is Jesus! The Bible tells us that in the new earth, Jesus Himself will be our light, so there will be no need for the sun to light the day (Revelation 21:23). This same Jesus can live in our lives today.

You and I can receive that good seed that will bear fruit a hundredfold, and, although an enemy may sow tares among us, God will preserve His good seed. This good seed is often misunderstood, just like the mustard seed. For many people, the seed appears very small, but it actually produces a powerful blessing in our lives. Our mustard-seed experience influences the entire countryside and spreads much more good seed into the lives of others we touch.

Like yeast, God's work among us makes our faith rise to new heights, bringing a delicious blessing to us and many others around us. Although spiritual growth may seem a mystery to us, others who encounter us can see and taste its effects.

The journey of discipleship with Jesus continues in our daily lives, raising us to a greater understanding of the Bible. We'll find unique pearls of great price, and as we come to understand them, they'll become precious to us. It's one thing to buy a field that has a treasure chest buried within it. But now that the treasure chest is open, we come to identify specific pearls that are overwhelmingly valuable to us.

When we have such an incredible experience with Jesus, we can't possibly keep it to ourselves. We'll want to tell other people what great things God has done for us!

The kingdom of heaven begins with a personal encounter with Jesus. Have you experienced good seed? Is there a treasure to be found that will bless your life? There is a place where you belong, where you can have citizenship. Not only does Jesus forgive us of our many sins, He now calls us to step into a new life. In a world full of rejection and pain, Jesus loves you, accepts you, and invites you to be a part of His kingdom.

Have you experienced the sign of His kingdom in your life? This is your day.

THE SIGN OF HIS PEOPLE

"For this is the covenant that I will make with the house of Israel: 'After those days,' says the LORD, 'I will put My laws into their mind and write them on their hearts; and I will be their God, and they shall be My people'" (Hebrews 8:10).

In many societies, people confirm important relationships with others by putting the relationship in writing. For example, if you buy a house, the transaction will be put in writing. Most of these documents—which are called contracts, trust deeds, or memorandums of understanding—demonstrate that we are serious and committed to our agreements.

But paper is not the only place where people's relationships are confirmed. Whether people live in a small town or a large city, they always seem to write in public places. This phenomenon is called *graffiti*. You can see graffiti of all kinds in virtually every place in the world. You'll find it on the bathroom walls of your local gas station and on the bridges that span the local highway. Trees sport carved hearts bearing the names of couples in love. In many places, people even consider graffiti an art form. Governments report that graffiti "artists" do millions of dollars of damage to public and private property every year.

Whether we like it or not, graffiti has been a part of human existence throughout history. For thousands of years people have written on trees, on rocks, in caves, on palace walls, and in public buildings. We simply did not think of this writing as graffiti because the writers were important people of renown or leadership. Whether a society is advanced or more primitive, people always write in public places.

Studies show that when people write graffiti on walls, they do so for a purpose. Usually, they're communicating about relationships with other people. Just like the formal, written documents we use to confirm commitments between people today, the walls of our communities also serve to communicate about relationships or the lack of relationships between people.

You may be surprised to learn that God was the first to be recorded in the Bible as writing on something really substantial—rock. He wrote to establish a relationship with His people. The story, found in Exodus, says God called Moses up onto Mount Sinai. Israel was in need of a more personal identification with their God, the God of Heaven, so God put the sign of His relationship with His people in writing. He didn't use a pencil, a piece of chalk, or paint. He wanted us to be very clear that He Himself was inviting us into this relationship with Him. On that day, so, as Moses watched in astonishment, God wrote with a mighty hand the depths of His commitment to His people. That day God wrote ten commandments upon two tables of mountain stone with His finger!

Moses noticed that the first four commandments deal with the deep bond of love and commitment we can have with the only true God, our God in heaven. To have no other gods before Him, no statues to pray to, to avoid taking the name of the Lord our God in vain, and to share in the joy of His Sabbath—these are true definitions of what it means to actually fall in love with Him!

In the final six commandments, Moses read that we're to love our parents, not to kill other human beings, not to cheat on our spouse, not to steal from others, not to lie about other people, and not to desire other people's things. These commandments paint a wonderful picture of what it means to truly love other human beings, whom God made in His very image!

Not prohibitions, but joyful experiences

The Ten Commandments are not a list of prohibitions that tie us down with guilt. Instead, they are a wonderful list of joyful experiences that define healthy relationships with God and with other people. God considered this so important that He put it in writing. He triumphantly exclaimed to Moses that these commandments are a sign for His followers that they might know that He is their God and that they are His people! (See Exodus 31:13; Deuteronomy 7:9.)

Look at the Ten Commandments and see for yourself that they are very logical points of commitment that establish a contract between God and His people. When God wrote with His finger, what did He write about? About this relationship with His people and with our heavenly Father.

Daniel 5 tells the story of King Belshazzar, grandson of King Nebuchadnezzar of Babylon, who blasphemed God in a drunken party. When things had gone too far, a mysterious hand suddenly appeared, writing on the wall of the palace. The music stopped. The drunken crowd went sober. Everyone became afraid, because they could see the writing clearly, but no one could understand it. All guests at the party must have realized that God had done the writing. A shadow fell on everyone as the king cried out in panic for someone to read and interpret the words.

The prophet Daniel was brought in, and when he read the writing on the wall, he became very sad. He told the king that God had tried to reach him, but the king had blatantly resisted. Because God would not force himself upon the king, now the king would have to face the results of his decision to turn away from God. He would lose his kingdom to another empire.

That very night, when the armies of the Medes and Persians invaded the city of Babylon, King Belshazzar was killed. God didn't kill him. The king turned from God, separating himself from the relationship that brings blessing and life. In this instance, God literally wrote on a wall. What did He write about? He wrote about a relationship!

As Jesus led His disciples through a daily experience of compassion for the sick, casting out of demons, provision for the hungry, and comfort for the bereaved, His preaching took on new meaning. Jesus didn't come merely to teach truth; He demonstrated a living faith through a dynamic relationship with God and people. One day when someone questioned Him, Jesus went out of His way to clarify the Ten Commandments for a group of leaders. He said, "Love the LORD your God with all your heart, with all your soul, with all your mind," which summarizes the first four commandments, and then He added, "Love your neighbor as yourself," which summarizes the last six commandments (see Mark 12:30, 31).

John 8 recounts a dramatic incident that occurred one day when Jesus was teaching on the steps of the temple in Jerusalem. Suddenly, a woman who had been caught in the very act of adultery was brought and thrown harshly at His feet. Imagine such a person being brought and thrown at the feet of the pastor during the sermon at your church! Everyone who witnessed the spectacle was shocked. No one could imagine any time when they had been more insulted than at that very moment!

Society today is very similar to the society that Jesus dealt with when He walked on this earth. Many people still tend to think they are better than other sinners. Consequently, when a public sinner is brought before them, they have neither patience nor mercy for the sinner. Jesus confounded the expectations of the people that day by demonstrating the sign of the Savior—forgiveness (the sign of His kingdom), belonging. He then invited the woman into a deeper relationship as experienced in the Ten Commandments.

Half the commandments?

Some people today seem to emphasize keeping only the first four commandments, which involve our relationship with God. Emphasizing only the first four commandments focuses only on the things above, those that involve our God. But if we look only heavenward, we may lose track of people, who God made in His image. Perhaps this perspective can help us understand why some people seem to be so harsh with others, as if human beings are expendable and unimportant to God.

In the same vein, others tend to believe in keeping only the last six commandments. These people tend to emphasize love and commitment to people with no significant understanding of the joy of an allegiance to God above. This perhaps helps us understand why many people take the joys of God's grace for granted and become careless about how their habits affect their relationship with God.

It was the religious leaders of the temple who brought the adulterer to Jesus. They demanded that Jesus render judgment on the woman according to the Law of Moses. Everyone present expected Jesus to call on tradition and a narrow interpretation of the law to resolve the situation. But to everyone's dismay, Jesus simply bent down and began writing in the sand with His finger.

No one knows for sure what Jesus was writing. At first, the religious leaders were annoyed because Jesus didn't answer their question. When they pressed Him again, Jesus stood and said, "He who is without sin among you, let him throw a stone at her first" (John 8:7). Then Jesus resumed writing in the sand, and whatever He was writing had an impact on the accusers of the condemned woman there beside Him. They left.

When Jesus finally stood and looked around, the leaders were gone. He then said to the woman, "Where are your accusers?" In front of the large crowd, the woman answered, "There are none, Lord." Jesus looked at the adulterer, who had been caught in the very act of sin, and He said to her, "Neither do I condemn you; go and sin no more" (verses 10, 11).

In my mind's eye, I can see the faces of the people who witnessed the entire display of Jesus' love and mercy for a sinner. Most societies believe in harsh treatment of sinners. In this incident, Jesus demonstrated again that He doesn't call the righteous, but sinners to repentance. Once again, we see a divine finger writing in a public place. What was He writing about? He was writing about a relationship!

Hebrews 8:10 tells us the ultimate place where God wants to write. This verse of the Bible quotes the words of God Himself, recorded in the Old Testament. God shows that memorizing the Ten Commandments is not enough. With passion, He says, "This is the covenant that I will make with the house of Israel: After those days, says the LORD; I will put my laws in their mind and write them on their hearts; and I will be their God, and they shall be My people."

God wants to write on our hearts!

Remember when you fell in love? You were willing to give your heart to someone else. When an experience involves our hearts, we realize that it is more than a simple relationship. It is a bond of love—a relationship so deep that we can't explain it in merely human words. We understand love at the heart level best through personal experience.

God's finger has written in many places—on mountaintop tablets, palace walls, and the temple court in Jerusalem. He has always written about His deep longing for a relationship, a saving relationship with His people. This is the essence of discipleship. Jesus calls us to be His people, and He wants to be our God!

Throughout His ministry, Jesus continually demonstrated a full Ten Commandment experience with His people. Never did He suggest that somehow the commandments of God were in any way changed or diminished. To the contrary, Jesus lived the most powerful example, living a life committed to God and committed to humanity made in His image.

We do well to have God's laws in our minds. But our joy is truly fulfilled when the Ten Commandments become the actual experience of love in our lives. That will transform the Ten Commandments from being a list of rules to being the basis of a dynamic life with Jesus and the people He has called us to disciple. He has given us a sign to confirm that we are His people. Many today need this sign in their lives.

Have you seen the sign of His people in your life? This is your moment!

THE SIGN OF HIS MERCY

"Then some of the scribes and of the Pharisees answered, saying, 'Teacher, we want to see a sign from You.' But He answered and said to them, 'An evil and adulterous generation seeks after a sign, and no sign will be given to it except the sign of the prophet Jonah'" (Matthew 12:38, 39).

The day was spent along the shore of Galilee. Jesus had healed hundreds of people of their diseases throughout the morning and had preached for several hours into the evening. You'd think that by the end of the sermon, Jesus would be ready to go home to rest. But the crowd still needed Him. He told His disciples that the people needed to eat. The disciples knew that they couldn't satisfy that need, for they didn't have enough food to distribute to the five thousand men plus the women and children who were also there. With about twenty thousand tired and hungry people on the hillside, the disciples probably panicked at the thought of the riot that might start if bad news were to set off the massive crowd.

When a child was found carrying a basket that his mother had prepared with five loaves and two little fish, Jesus instructed the disciples to seat the crowd in groups of fifty and a hundred. After blessing the loaves and fishes, Jesus proceeded to break them, and the disciples distributed the food to the people. Everyone ate a full supper that evening, with enough left over to take home to family and friends! (See Luke 9:10–17.)

Later, Jesus noticed what the crowds of people that surrounded

Him were talking about. "And while the crowds were thickly gathered together, He [Jesus] began to say, 'This is an evil generation. It seeks a sign, and no sign will be given to it except the sign of Jonah the prophet. For as Jonah became a sign to the Ninevites, so also the Son of Man will be to this generation' " (Luke 11:29, 30).

These crowds had spent a lot of time with Jesus. They'd seen—or at least heard—what Jesus did in healing countless numbers of people. They'd heard Him preach of His Father's kingdom. They'd seen Him feed thousands of people from a little child's basket of food. Having seen and heard all that, how could they ask Him for a sign?

Jesus said to His disciples on several occasions that many "seeing they do not see." He also said, "hearing they do not hear." (See, for instance, Matthew 13:13.) Is it possible to hear Jesus speak and see Jesus perform miracles without ever understanding the enormity of what He's done? Because the people were expecting a military Messiah, they couldn't see the divine Messiah among them. Time and again, the Gospel stories about Jesus reveal that He didn't conform to human views of salvation. Instead, Jesus called people to follow Him, and then He transformed them into His image.

Jesus' strong response to the people's request carries with it an expression of deep sadness. Jesus probably spoke with tear-filled eyes as He said that no sign would be given to that evil "generation . . . except the sign of Jonah the prophet" (Luke 11:29).

A mission of mercy

The Jews knew the story of Jonah well. They were aware that God had called to Jonah to go to Nineveh and warn its inhabitants of the consequences of sin that were to befall their city. The Ninevites had reached a point of such extreme depravity that the only solution was for God to destroy the city. But God, in His love, sought salvation for the people of Nineveh. He sent Jonah on a mission of mercy.

Jonah feared his mission at first, so he fled directly away from

Nineveh, boarding a ship headed to Tarshish. A violent storm threatened to sink the ship, and all on board knew they would perish. And Jonah realized that the blessing of God was not with him. When we flee from God, it is not God who takes away His blessing. Instead, we are the ones who choose to turn our backs on His blessing!

Jonah asked the sailors to throw him overboard, promising that if they did this, the storm would end. So, the crew tossed him into the violent sea. Immediately after he splashed into the water, the storm calmed and the sea became still. A giant fish swimming by at that moment broke the surface with a ferocious splash, swallowed Jonah, and then quickly and silently disappeared into the depths. For the next three horrible days, that giant fish carried Jonah in its belly, finally vomiting him on the seashore.

Think for a moment about what this story meant to the culture of the people of Israel. It's an example of God's mercy and love for His people. As in the account of what befell the people of Sodom and Gomorrah, God took the unprecedented step of reaching out to His people. Through Abraham and Lot, God pleaded with the people of those two cities to choose life rather than the path of destruction in which they were living. Many people don't understand that the accounts of Sodom and Gomorrah, like the story of Nineveh, are stories of God's mercy, of His going the extra mile to warn people!

In our world, we see many natural disasters. Through the years, I have personally experienced earthquakes, floods, hurricanes, mountain fires, tornadoes, hailstorms, windstorms, blizzards, droughts, and other natural disasters. These disasters and others destroy thousands of lives every year. But for a number of them, science has now found ways to predict their coming, and even, in some cases, an approximate time of their arrival. Because of these scientific advancements, local governments can now issue warnings so that citizens can prepare for the natural disasters. Because of these early warnings, countless people have been saved from certain death. Thank God for warnings!

Warnings from God are wonderful things. When God reaches out to us and informs us of the deadly disasters of sin swirling about us, we can only be thankful for His love. When God issues warnings, He doesn't intend to cause us to look at Him as a stern God. Instead, they give us the opportunity to look deep into the eyes of a loving God who, in a timely way, tells us what is to come so that no one can say, "I didn't know!"

When Jonah preached in Nineveh, a miracle happened. That miracle didn't occur in Sodom and Gomorrah. When the citizens of Sodom and Gomorrah were warned of the impending disaster, they ignored the call to repent of sin. They didn't see the need to turn from their evil ways and look heavenward. Death is a very natural result of choosing sin so openly that one doesn't care about life.

But the citizens of Nineveh differed from those of Sodom and Gomorrah. In response to Jonah's sermon, they—including the king—repented of their sins and turned to the Lord. So great was the response of the people of Nineveh that a revival took place. One of the blessings of discipleship with Jesus is that true revival always leads to reformation. When we come to a realization of how much our sin separates us from God and we experience forgiveness, we not only are revived in our faith but also enter the path of reformation. And God literally transforms our lives!

The Jews knew the rest of the story—that when the Ninevites repented of their sins and God spared their city, Jonah became angry. He wanted to see the destruction of Nineveh, not the saving of the Ninevites. Jonah had thought his calling was to condemn the city. But God demonstrated to Jonah that He had called him to dispense mercy and salvation. Jonah was to warn the city and to call its inhabitants to repentance.

A scary sermon

Sadly, many people today seem to think that God has called them to condemn the world. A famous sermon in colonial

America was titled "Sinners in the Hands of an Angry God." This sermon detailed the brutal agony that the preacher supposed most of humanity will suffer when God has His retribution on earth. It painted a vivid picture of the torture sinners would feel forever in the flames of hell. The sermon is said to have had a huge impact on people in the United States, mainly because those who heard it or heard of it were shocked and terrified into going to church.

Like Jonah, some would actually like to see the deaths of billions of people because of the sin problem on earth. This idea of retribution for sin is still in the minds of those who don't understand the meaning of true discipleship. While God does hate sin, never forget that God loves the sinner! To carry the warning of God to others today is actually to have the joy of extending God's mercy to a dying world.

As Jesus looked into the unbelieving eyes of those who had asked for another miracle, He sought to make clear to them that repentance leads to forgiveness, placing anyone who responds onto the path of salvation. One of the greatest obstacles to people's understanding of sin and salvation was that their religious leaders had categorized sin. Their own personal sins—the terrible, destructive sins of pride, judgmentalism, and self-righteousness—they considered harmless and somehow even appropriate. But they had come to characterize other sins, those of the common man and woman in the community, as abominations.

Jesus was unequivocally clear that all sin separates us from God. By referring to Jonah and his call to minister to Nineveh, Jesus had now put into context His mission to save humanity. Again, Jesus was making the point that He came to call not the righteous but sinners to repentance.

Jesus even went so far as to tell the influential leaders that as Jonah was in the belly of the fish for three days, so He would be in the heart of the earth for three days (see Matthew 12:40). As Jonah came out of the fish after three days, leading to the salvation of Nineveh, so also Jesus would come out of the tomb after three days, leading to the salvation of humanity!

Warnings from Jesus are a great blessing. They enable us to prepare for the spiritual storms to come. No one needs to be caught off guard, unaware of the future. A true disciple walks with a sense of forgiveness, of belonging—with a certainty of personhood in Jesus. Just as in daily living there are warnings of impending physical dangers, so also there are warnings of spiritual dangers.

In the fourteenth chapter of the book of Revelation, the Lord talks about three prophetic angels who announce specific warnings. These angels foretell what will happen before Jesus comes again to this earth. Imagine Jonah standing on a street corner in Nineveh as the people of the city gather to hear what he has to say. So God announces another warning for today.

The first angel calls on us to honor God and give glory to Him and worship Him because the hour of His judgment has come. The second angel says that Babylon—which represents the many false spiritual movements of today—is fallen, because many have been deceived by its teachings. The third angel says that those who receive the mark of the beast on their hand (what they do) or on their forehead (what they believe) have chosen to live other values than the walk of true discipleship that leads to honoring God and giving glory to Him.

The world today is full of religious movements. God foretold that many false movements would arise in the last days. These movements are identifiable in that they do not exhibit the signs that will be seen in the lives of God's disciples.

One of the key problems lies in the fact that throughout earth's history, the intentional combination of church and state has tended to lead to political and religious intolerance. History records very dark ages when religious leaders determined what political leaders could and could not do. Many of these religious movements actually believe in using war to achieve their ends of compelling people to adopt certain religious practices. Other religious movements believe that morality must be legislated in order to stabilize societies as they see fit, making people conform to stringent and narrow views of God through law. Those who lead these movements think that people must be compelled to believe and live in certain ways, whether or not they're contrary to their own convictions.

We see another factor in this growing religious dilemma. It lies in what most of these religious movements have in common: They deliberately distance themselves from the Ten Commandments. While most of them claim to adhere to this sign of God's people, most do not accept the whole law of God. For example, somehow it became commonplace over the years to turn from God's Sabbath day and instead worship on other days.

This may seem unimportant, until we review the Bible and find that both the Old and New Testaments picture God as consistently bringing His people together on the Sabbath to commune with Him. Jesus pointed out the signs that would take place leading to earth's culminating moments (see Matthew 24, Mark 13, and Luke 21). This reveals God's great mercy. Jesus calls on us to "watch and pray" regarding these warnings. We can look into the heavens with solemn joy as God demonstrates that His coming is near!

Death—and salvation!

The wages of sin is death. The prophets spoke of this truth throughout Old Testament times. Jesus further emphasized this reality in His New Testament ministry with His disciples. The apostles also wrote extensively about this result of a life lived apart from God. Very soon, when Jesus comes in the clouds of glory, He will end the sin problem. The devil and his followers will soon meet their end, and sin shall be no more.

I grew up thinking of these things with fear and trembling. But now I understand the thrill of a discipleship relationship with Him that is salvation! Now we can understand why Jesus, in His love and mercy, has warned us of things to come. Remember, storms are most devastating to those who ignore warnings. Those who respond to warnings don't experience the worst of the storms. The memory of Hurricane Katrina in New Orleans reminds us how devastating are the consequences of not issuing warnings in time and of ignoring them. Those who respond to warnings are blessed, and those who ignore the warnings end up suffering.

As Hurricane Camille approached the state of Mississippi in 1969, many people didn't take the storm warnings seriously. After the storm subsided, television news reported one of the most striking examples of the results of this choice. A group of young people ignored the warnings of the impending hurricane. They held a "hurricane party" at a large beach house in the heart of the threatened area. The day after the hurricane struck, only the foundation slab remained where the house had once stood. Twenty-five-foot waves had ferociously crushed the house, washing it—and everyone who had been in it—away. All the young people in that house died that terrible night.

When Jesus shouted "It is finished!" from the cross, He really meant it. The devil knows his time is coming, so we shouldn't expect him to go quietly to his demise. All he wants now is to take as many people with him as he can. But Jesus paid the full price for our sins, and He plans to take us home. We can choose life. Through heeding the Bible's warnings, we confirm that in Jesus we have life everlasting.

The final chapters of earth's history are before us. God is preparing now to usher in His kingdom. The sign of His mercy is a wonderful call for us to respond to Him just as Nineveh did long ago. A revival and reformation led to massive blessings for the people of Nineveh. A revival and reformation in our lives will have the same effect today.

Have you seen the sign of His mercy in your life? This is your opportunity to respond.

THE SIGN OF HIS FAITHFULNESS

"I will sing of the mercies of the LORD forever; With my mouth will I make known Your faithfulness to all generations" (Psalm 89:1).

We live in a world where faithfulness is valued so little that it seems betrayal is more popular. Throughout my youth, I never stopped to think about just how faithful God really is to us. The dictionary describes faithfulness as being loyal and devoted to a person or a cause. Too many people have little fidelity to marriage, to friendship, to their employer, or even to the God of heaven. Some current sociological studies suggest that faithfulness seems old-fashioned and out of touch with the mainstream of people's thinking.

But not for our God. He is faithful. His devotion to the humanity made in His image demonstrates the focus of His faithfulness. The realization that God is so faithfully devoted to us that He sent His only Son to save us is an overwhelming thought.

The book of Daniel records a dramatic example of God's faithfulness in reaching a man's heart. The story occurs in the first four chapters. In this account, the great king Nebuchadnezzar of the Babylonian Empire had conquered Israel, destroying everything and most everyone in his army's path. He had left instructions that his troops should bring young, handsome men of royal lineage back to Babylon to serve the king as eunuchs in the palace.

These young men would receive the best education available in the Middle East at that time. They would receive the best of treatment and even eat the same kind of food that the king himself ate. The idea was that if the young men had the best of everything, they would mature into fine advisors to the king, who could count on them to help lead the many countries he had conquered.

Daniel 1 tells the story of God's attempt to reach Nebuchadnezzar through the good news of keeping a healthy body. When four of the young men were brought to the palace after the fall of Israel, they noticed that the food the king ate was appalling. Apparently, the king's eating habits were such that those who ate his food were more likely to damage their health than to improve it.

Daniel, Shadrach, Meshach, and Abednego were not about to eat things that were still moving on the plate! But Ashpenaz, the chief of the eunuchs, told the young men that they had to eat the food, because if they became weak, the king would punish him with death. Then the young men offered to prove their point. They asked the guard appointed to them to let them eat their food for ten days. After that time, the guard could decide whether to allow them to continue their chosen diet. Daniel and his friends asked for legumes, nuts, fruit, and water. Although the guard had misgivings about the idea, he allowed the young men the ten days for the test.

We are told that at the end of the ten days, Daniel and his three friends had better skin tone than the other young men in the palace did. And after only ten days, they were sharper in their thinking and decision-making as well. Ashpenaz realized that this diet was truly beneficial to good health, so he allowed the young Israelite men to continue eating their simple food. As a result, Daniel and his three friends grew physically, emotionally, and spiritually in the years that followed.

When these Israelite eunuchs had completed their university studies, a stunning announcement was made in the palace regarding them. The records showed that Daniel, Shadrach, Meshach, and Abednego scored ten times higher than any other student in the university! Professors reported that these young men also demonstrated greater capacities for wisdom and discernment than all the others enrolled at the school. We must remember that Babylon originated some of the foundational work we benefit from today in the areas of math, astronomy, physics, and other subjects. Could it be that Daniel and his three friends had something to do with some of these dramatic developments?

Nebuchadnezzar realized that God had blessed these young men through their faithfulness to health principles. The king knew that this same diet would be a great benefit to all his subjects, but he didn't make a commitment. Instead, Nebuchadnezzar named the four young men to his council of advisors because they clearly had exhibited more wisdom than any of the others had. God tried to reach the king, but he didn't respond with an accepting heart.

A God-sent nightmare

Chapter two of the book of Daniel says that the king had a horrific nightmare and called all his advisors, Chaldeans, soothsayers, magicians, and others together to help him with a terrible dilemma. Nebuchadnezzar knew that the dream he had was vital to his future, but he couldn't remember it! The king asked for help from his counselors, but they couldn't provide it. So, the infuriated the king ordered his troops to kill them all, including their families, and that their homes be destroyed. When Daniel and his three friends were told of the developments in the palace that morning, they immediately asked for an audience with the king. God was going to try to reach Nebuchadnezzar's heart again, but this time with a lot more drama.

After asking the king for a day to inquire of God, the four Hebrews prayed. That night, Daniel received the dream Nebuchadnezzar had dreamed, together with its interpretation. Daniel presented himself before the king the next day and told him that there is a God in heaven who reveals secrets, even those of the king as he sleeps upon his bed. Daniel then opened to Nebuchadnezzar the vision of a giant statue that reached into the heavens. The head was made of gold, the arms and chest of silver, the belly and thighs of brass, the legs of iron, and the feet of iron and clay. A rock suddenly appeared from the sky, falling with such force that it destroyed the statue and ground it into powder. The wind then blew the powder away, and the rock grew until it filled the whole earth.

Nebuchadnezzar was stunned at the precision with which Daniel recounted what he had dreamed. The interpretation was also stunning. The head of gold was his kingdom! But another kingdom would follow that would be less powerful, just as silver is less valuable than gold. After Nebuchadnezzar's time, the Medes and the Persians indeed did conquer Babylon. The dream indicated that another kingdom would follow the Medo-Persian Empire. Greece filled this role. After Greece, the dream prophesied, a kingdom would rise with the brute strength of iron and the longevity indicated by the long legs. In fulfillment, the Roman Empire ruled for centuries, including the time of Jesus.

After the fall of Rome, the prophecy went on, there would be ten kingdoms, represented by the ten toes of the statue's feet. As iron and clay do not mix, so these kingdoms wouldn't unite either. Although they would attempt repeatedly to negotiate peace, war would be a constant reality. In the midst of the time of these ten incompatible kingdoms God will send His Son back to this earth to bring an end to the kingdoms of humankind and usher in the kingdom of God! Like a rock, God will establish His kingdom, which will last forever!

When Daniel had revealed the dream and its meaning, Nebuchadnezzar honored Daniel and cried out in praise to Daniel's God. Nebuchadnezzar recognized that God had reached out directly to him. Nebuchadnezzar now knew the whole of humanity's future, right through to the coming of Jesus for the second time to this earth!

In this incident, God had again tried to reach Nebuchadnezzar—this time through prophecy. But the king didn't accept Him. The king did recognize the greatness of God, as many do today, but he failed to make a commitment. Yet God didn't give up. God is faithful beyond what we have ever imagined.

A foiled execution

In chapter three of the book of Daniel, we can almost see how upset Nebuchadnezzar must have become after thinking about the interpretation of the dream of the statue. The king didn't want to accept the idea that his kingdom would someday end, so he decided to build a statue entirely of pure gold, as opposed to the prophetic statue on which only the head was of gold. In this way, Nebuchadnezzar was attempting to confirm that his kingdom would last forever. He also took the opportunity to establish himself as a deity—much as did the Egyptians and Romans, who also practiced this veneration of their king as god on earth. Not only was Nebuchadnezzar failing to accept the God of heaven, he was now defying God directly with a ninety-foot-tall statue of pure gold on the plain of Dura.

Nebuchadnezzar set a day on which he required all the key leaders of his kingdom to gather on the plain. (It appears that Daniel must have been out of the country that day, tending to affairs of state, as the Bible mentions only his three friends in its story of this incident.) Imagine a giant golden statue with a giant congregation before it. To one side were many musicians, and on the other stood a large furnace, fully lit and emitting smoke. The king announced that when the musicians played, everyone was to bow down before the statue. He said that anyone who disobeyed would be thrown into the fiery furnace.

When the trumpets played and all the crowd bowed down before the statue, Daniel's three Hebrew friends stood tall. This was obviously blatant disobedience before all the country. Because Nebuchadnezzar loved these men, he offered to give them another chance. But Shadrach, Meshach, and Abednego told the king that they wouldn't worship the statue. If they must die, they would die.

The public statements of what King Nebuchadnezzar regarded as defiance infuriated him. He ordered the furnace heated to seven times its normal temperature. When the furnace glowed because of the extreme heat of the coals that now burned brightly within, Nebuchadnezzar ordered his soldiers to throw the three bound captives into the furnace. As the soldiers carrying the three men ran to the entrance of the furnace and fulfilled the order to throw them in, these soldiers burst into flames and collapsed to their deaths at the door of the furnace. The triumphant king now turned to a very attentive audience and prepared again for worship services on the plain. Then, in a startling development, a general asked the king to look into the furnace. The king became pale. With great fear he said, "Did we not cast three men into the furnace? Yet I see four men walking freely among the flames. And the fourth looks like a son of the gods!"

When we are faithful to God, He will always be with us. Time and again throughout history, God has said that He will not forsake us. At the moment when Shadrach, Meshach, and Abednego needed Him most—when they were in the fiery furnace—they found that they weren't alone. Jesus Himself came to be with them! What do you suppose Jesus said as He hugged the three young men who had been so faithful to Him?

Nebuchadnezzar's own story

Nebuchadnezzar himself wrote the fourth chapter of the book of Daniel (see Daniel 4:1), so this chapter is the actual testimony of a man who wants us to know the importance of what happened. In the story, God made His boldest attempt to reach Nebuchadnezzar. He let him taste what life could be without God.

The king wrote that he had another dream. This time he simply called Daniel into his chambers. Nebuchadnezzar told Daniel that he had dreamed of a giant tree that reached into the heavens. The tree offered shade to animals and blessed the earth. But one day, a voice from heaven commanded that the tree be cut down and that a brass band be placed around its stump. Seven times were to pass until he recognized that it is God who gives kingdoms and takes them away.

Daniel was deeply saddened by the dream and told the king the dream should have been for one of his enemies. The prophet mournfully informed the king that God had been trying to reach him for a long time. God was now informing him that if he insisted that his kingdom was the result of his own doing, God would literally step back and allow Nebuchadnezzar to taste what life is like without God's blessing. Daniel stated that this would be a fearful time that would last for seven years, until Nebuchadnezzar realized that it is God who blesses people with kingdoms and not the other way around.

One year later, Nebuchadnezzar stood on one of his majestic balconies overlooking the hanging gardens of Babylon, one of the seven wonders of the world. In his own words, he recounts that he exclaimed, "Is not this great Babylon, that I have built for a royal dwelling by my mighty power and for the honor of my majesty?" (see Daniel 4:30). At that very moment, Nebuchadnezzar heard a voice from heaven stating his fate: that he would be driven from among people and eat grass like a cow until he recognized that it is God who establishes kingdoms and takes them down. Nebuchadnezzar wrote that at that moment he lost all his reason and had to be carried away from his palace to a pasture, where he became like one of the animals.

God didn't do this to Nebuchadnezzar. He merely stepped back and allowed the king to taste what kind of kingdom he had when he didn't have God's blessing. Throughout the next seven years, mighty King Nebuchadnezzar ate grass and lived in a field with the animals. His nails grew out long and curly, and he had hair to match. (Daniel must have run the kingdom for Nebuchadnezzar during his absence, for other politicians would have quickly moved in to take over the kingdom if they'd had the opportunity to profit from the king's calamity.)

Now, in Nebuchadnezzar's own writing, we read how God's faithfulness pays. In Daniel 4:34 we read, "At the end of the days I, Nebuchadnezzar, lifted my eyes to heaven, and my understanding returned unto me; and I blessed the Most High and praised and honored Him who lives forever: For His dominion is an everlasting dominion, And His kingdom is from generation to generation." Then King Nebuchadnezzar gave his life to the God he had come to call "the Most High God."

God was faithful. He reached a man that we'd have thought would never be reached. The faithfulness of God's servants Daniel, Shadrach, Meshach, and Abednego played an important part as God used them to reach out to the king—just as God reaches others through you and me. The most powerful testimony to the world that God is faithful arises when His disciples are faithful in all things.

God never asks us to do something that He Himself doesn't do. The sign of His faithfulness occurs when His faithfulness becomes our faithfulness. In other words, let others see Jesus in you!

Have you seen the sign of God's faithfulness in your life? Let His committed faith become your committed faith. Today is the day.

THE SIGN OF HIS CHARACTER

" 'Then the King will say to those on His right hand, "Come, you blessed of My Father, inherit the kingdom prepared for you from the foundation of the world: for I was hungry and you gave Me food; I was thirsty and you gave Me drink; I was a stranger and you took Me in; I was naked and you clothed Me; I was sick and you visited Me; I was in prison and you came to Me." Then the righteous will answer Him, saying, "Lord, when did we see You hungry and feed You, or thirsty and give You drink? When did we see You a stranger and take You in, or naked and clothe You? Or when did we see You sick, or in prison, and come to You?" And the King will answer and say to them, "Assuredly, I say to you, inasmuch as you did it to one of the least of these My brethren, you did it to Me" ' " (Matthew 25:34–40).

Jesus often described the world in terms of darkness. How else could He portray the condition of humanity after thousands of years of the effects of sin? Darkness is the result of Satan's lies about God. After Jesus' birth, the darkness sought to destroy Him. When Herod discovered that the Messiah had been born in Bethlehem, He ordered all boys in that town less than two years old to be put to death.

From the very beginning of Jesus' mission on earth, He set out to combat the darkness through a life that dispels it. The Bible lays the foundation of Jesus' ministry on earth by declaring, "In Him was life, and the life was the light of men. And the light shines in the darkness" (John 1:4, 5). Jesus personally confirmed this by telling the people, "I am the light of the world" (John 8:12). Nothing could make the case against darkness better than does placing light where it needs to shine. Jesus caused controversy wherever He went because His light shone brightly and gave hope to many. The light shone from Him so attractively that many people chose to be His disciples.

Jesus' light also shone in ways that go beyond what we think of as His key ministry. Evidence in the Bible confirms that Jesus was a very powerful preacher. He could hold a crowd spellbound for hours with His words. He was the best communicator in all history. On one occasion, soldiers who were sent to arrest Him couldn't carry out the order because " 'no man ever spoke like this Man!' " (John 7:46).

Although Jesus was the most powerful preacher who ever lived, He wasn't known primarily for His words. Instead, wherever Jesus went, He was known for what He did with His hands. The hands of Jesus left the greatest impression of His ministry on earth. His teachings were the most profound description of His Father's kingdom, but His hands were the greatest example of the kingdom in daily living.

The Bible tells us that when Jesus traveled from place to place, whole towns would turn out to greet Him, and He would heal all the sick in them of their diseases. Sometimes hundreds would be healed in a day. At other times, Jesus provided food for large numbers of hungry souls. At still other times, Jesus simply sat a child or two on His lap and blessed them. He also comforted brokenhearted widows.

Plans to silence Jesus

Christ's character was a light that shone so brightly that the religious leaders in Jerusalem were convinced they had to take drastic steps to curb His influence and that of His disciples. Not only was Jesus doing great things in people's lives, He was teaching His disciples to do likewise. He sent them into the cities and towns to preach and to teach and to heal (see Luke 9:2).

At first, the religious leaders tried to trap Jesus by asking Him trick questions about marriage, about the law of God, and even about paying taxes to the hated Roman Caesar. Jesus' humility, courage, servanthood, and simple answers confounded every priest who tried to trap Him. Eventually, the Bible says, "nor . . . did anyone dare question Him anymore" (Matthew 22:46). Jesus' opponents had to develop another plan to silence Him.

The opportunity finally came through the death of Jesus' best friend, Lazarus of Bethany. (The story is found in John 11.) Someone told Jesus that his friend was desperately ill, but Jesus didn't go Lazarus's aid. In fact, days went by before Jesus bothered to head toward the house where Lazarus's sisters were angrily waiting for Jesus. Not only did He make no effort to heal Lazarus, He didn't even show up for the funeral services!

When Martha, the sister of Lazarus, discovered that Jesus was coming to Bethany, she ran out to meet Him along the road. Martha's confrontation with Jesus was very emotional. The grieving woman tearfully shouted at Him, "If You had been here, my brother would not have died" (verse 21). This, of course, was very true. Jesus always healed any sick person who came into His presence.

Jesus immediately reminded Martha that Lazarus would live again in the resurrection. Martha's broken heart overwhelmed her as she lost control again. Her answer shows that she thought the resurrection too far off in the future. Jesus responded by saying, "I am the resurrection and the life. He who believes in Me, though he may die, he shall live" (verse 25). Martha took a deep breath and swallowed hard, collecting her emotions. The Creator of life was standing in her very presence.

After meeting with Mary also, Jesus asked, "Where have you laid him?" (verse 34). Then, standing before the tomb of His best friend, Jesus looked around at the people gathered there. Many still did not understand His mission to save them and call them to a life of discipleship, and that hurt Him. But looking at the grave of his best friend also proved to be very painful. John 11:35, the shortest verse in the entire Bible, describes Jesus' first response at the tomb of Lazarus. The passage says, "Jesus wept." This is the measure of the human sensitivity of our Savior!

Suddenly, the multitude went silent as Jesus ordered that the tomb be opened. He raised His hands into the air and prayed to His Father in heaven. Then He ordered, "Lazarus, come forth!" (verse 43). Mouths dropped open, eyes opened wide, and an absolute silence wrapped the cemetery in a vacuum unlike anything the town of Bethany had ever experienced. All at once, people struggled to keep from hyperventilating as the wrapped form of Lazarus suddenly waddled to the entrance of the tomb. Mary and Martha ran to the tomb entrance to remove the face cloth, revealing their living brother, and a spontaneous shout of wonder erupted from the crowd!

In Jerusalem, the news of the resurrection of Lazarus caused the most stinging response to Jesus the religious leadership had ever made. Upon hearing the report from the spies who had witnessed the events at the cemetery in Bethany, Caiaphas, the high priest, stood and pounded the lectern in the meeting room. The reports from Bethany indicated both Jesus and Lazarus were walking freely among the people and that everyone seemed ready to accept Jesus as the Messiah. The priests decided that they would have to destroy not only Jesus but also Lazarus, the living evidence of Jesus' power. Jesus knew the intention of Israel's highest leaders, and since the time had not yet come for Him to offer Himself in sacrifice, He fled with the disciples to the city of Ephraim (see verse 54).

A short time later, Jesus informed His disciples that it was time to return to Jerusalem for the Passover feast. As they traveled back to the city, Jesus took the opportunity to review with the disciples that He would be arrested and killed while in Jerusalem, but that He would also rise on the third day. The disciples didn't react to the terrible news from Jesus. They were still so affected by the raising of Lazarus that their minds didn't register what Jesus was saying.

A tidal wave of support

Before the Sanhedrin could do anything to stop the tidal wave of support for Jesus in Jerusalem, He was sitting on a young donkey, a royal gesture at the time, and parading down the streets of the city. As the multitude welcomed Him, they laid palm branches and their own coats on the ground before Him, shouting, "Hosanna! Blessed is He who comes in the name of the Lord! The King of Israel!" (see Mark 11:9, 10). *Hosanna* is a messianic term that means "save." As these people shouted hosanna, they were thinking of Jesus as the One who would liberate Israel from Rome. The throngs of admiring people grew as the parade made its way around the city, until Jesus reached the temple steps.

Again, however, Jesus demonstrated that His kingdom is not of this world. He didn't declare an earthly kingdom; He failed to fulfill the political ambitions of even His own disciples. Jesus ended the people's expectations by walking out the gates of the city and up onto the Mount of Olives. The large multitude didn't follow. The loud roar of the crowd that had paraded Him through the city was now gone. Jesus found Himself alone again with His disciples.

For the rest of the week the disciples tried in different ways to reignite the social flame that could catapult Jesus into a political position in Jerusalem, but Jesus never even gave a hint of responding. Throughout the entire week, He continued to direct

His disciples to carry on the work He had been doing during the time they'd been together.

The Lord met with His disciples on Thursday night to observe the Passover supper. It was something they would remember for the rest of their lives. Jesus completely dismantled everything the disciples were planning and hoping for. That is when Judas moved to betray Him.

After the supper, when Jesus had taken the opportunity of instituting the rite of humility—washing the disciples' feet—and then had commemorated what would become the rite of Communion, they went back to the Mount of Olives. As they returned again to the familiar surroundings of the Garden of Gethsemane, the disciples noticed that Jesus was very dismayed. He asked for their prayers and then went on a little farther and prayed alone. Although three of the disciples were near to where Jesus was praying, they didn't notice the enormity of what was happening to Him. The sins of the world were now falling upon Him, and for the first time ever in His life, Jesus felt Himself being separated from His Father in heaven. The darkness of our sins was smothering the Light of the world. No one can survive total separation from God. This is why the wages of sin is death.

The disciples slept as Jesus cried out to God to take the dreadful cup from Him. Jesus awoke the disciples and asked that they tarry with Him in prayer, but they fell asleep again. Suddenly, everyone awoke to the violent arrival of armed troops accompanying a delegation of priests. Judas's plan was now in full motion. He kissed Jesus to identify for the troops which man to arrest. The soldiers descended upon Jesus with a brutal beating as mass confusion broke out in the Garden.

Jesus' blood flowed freely, and He made absolutely no effort to resist those who were assaulting Him. Peter, remembering that he had promised Jesus that he would even die for him, pulled out a sword and cut off a man's ear. But Jesus commanded him to put his sword away. With horror, the traumatized disciples realized that Jesus was not going to save Himself and that now even their own lives were at risk. Then they all ran for their lives.

Jesus was taken to the home of the high priest, who assembled a bizarre court session, complete with false witnesses, and there condemned Jesus to death. By early morning, the mob took Jesus to the court of Pontius Pilate. He declared Jesus innocent and then sent Him to Herod, who soon returned Jesus to Pilate, who again declared Him innocent. Then, not knowing what else to do, Pilate sent Jesus out to a courtyard with orders that He be flogged with a whip. The soldiers beat Jesus so harshly that they almost killed Him.

Pilate tried to reason with the people and persuade them of Jesus' innocence, but he recognized that he could no longer reason with the crowd and save his political career at the same time. So, Pilate performed the strange rite of washing his hands publicly. Then he gave the order for Jesus to be crucified even though he had declared Jesus innocent six times.

Soldiers led Jesus up the hill of Golgotha, the place of the skull. At first, they forced Jesus to carry His own cross, but when they realized He was dying, they made another man carry the cross for Him. There Jesus was crucified, as were two other men who had been condemned to die. Roman soldiers routinely crucified prisoners. After a traumatizing flogging, most prisoners died within a day of being nailed to a cross—the human body can withstand only a certain amount of trauma before it begins to shut down. What Jesus withstood on the darkest day of the history of the universe no one can adequately describe in human words.

Blessed hands—crucified

Throughout His whole ministry, Jesus was known for His hands. Those hands gave sight to the blind, healing to the lame, comfort to the bereaved, and food to the hungry. They calmed storms and raised the dead. Finally, those blessed hands were stopped. Crucified!

As the priests triumphed by scoffing at the foot of Jesus' cross, He never complained or protested. When the priests chided, "He saved others, Himself he cannot save," they were correct. Jesus didn't come to save Himself; He came to save us. The disciples realized with indescribable terror that not only was Jesus not going to become king of Israel, He was now dying publicly! Adding to the chaos, word spread later that same afternoon that Judas had hung himself on a tree nearby.

Everything about the disciples' lives was unraveling before they could catch their collective breaths. As they hid for their own survival, they pondered what the future would hold without Jesus. Suddenly, the sky grew dark, the earth shook, and a cry rang out, announcing Jesus' death. Because the sun was setting, Jesus' followers buried His body in such a hurry that they couldn't even offer a prayer at His side. His friends spent the longest Sabbath of their lives grieving and pondering.

On Sunday, an early morning earthquake shook the disciples out of their beds. The tremor was strong enough that everyone rushed to the windows to see what might be happening. Only half an hour later, Mary Magdalene stood at the door downstairs, knocking persistently. When she entered, she excitedly told the disciples that Jesus was alive—she had talked with Him at the tomb. Her message was that Jesus was inviting everyone to meet Him in Galilee. Still numb from the events of the weekend, the disciples hesitated and didn't believe Mary (see Matthew 28:1–10).

Later that same evening, the disciples experienced two more life-altering moments. The first occurred when two of the disciples, who had left earlier in the day to go home to Emmaus, returned with excitement, saying they had spent the afternoon walking with Jesus! (See Luke 24:13–35.)

At that moment, a voice everyone recognized spoke distinctly. The words "Peace to you" (verse 36)—the very blessing they needed most—came to their ears like the sound of a beautiful musical instrument. There, in the same upper room where they had eaten the Passover supper with Jesus Thursday night, He once again communed with His disciples. They gathered around Him as little children who had been helplessly lost all weekend. They wept upon His shoulders and clung to Him, seeking the security His presence brought. And a new, distinctive realization arose in their hearts: This is not the king of Israel; this is the King of kings and Lord of lords!

It all came together in the minds of the disciples: The countless times that Jesus had said that His kingdom is not of this world brought home the true meaning of discipleship. They were now to reflect the character of Christ to lost humanity. Humility, courage, and servanthood would be their testimony as they lived lives that reflected Christ's character outside of church services. The price for our sins was now paid in full. The gospel was now ready to go to all the world.

It is now time for Jesus to live out His life within *you!* Jesus once said, "Let your light so shine before men, that they may see your good works and glorify your Father in heaven" (Matthew 5:16). It's not what you do, it's what Jesus wants to do in your life. It's what Jesus does through you in the community—both in your church and outside. Love people, relieve suffering, earn the right to speak of the kingdom of heaven.

Have you, as a disciple of Jesus, seen the sign of His character in your life? "Taste and see that the Lord is good." Today is the day.

THE SIGN OF HIS SPIRIT

"And it shall come to pass afterward
That I will pour out My Spirit on all flesh;
Your sons and your daughters shall prophesy,
Your old men shall dream dreams,
Your young men shall see visions" (Joel 2:28).

The disciples made their way to Galilee in careful obedience to Jesus' call to meet Him there. Jesus' crucifixion and resurrection had taken a lot out of them. As they arrived at the shores of the Sea of Galilee, seven of the disciples took advantage of a night to fish and earn some needed income while they waited for Jesus to come.

But they couldn't find the fish. All night long, they tried one cove after another, but to no avail. This probably meant that the night was very cold, making the fish more lethargic, driving them deeper into the lake.

As dawn lit up the horizon, the tired disciples heard someone call to them from the shore. This person commanded, "Cast the net on the right side of the boat" (John 21:6). Too tired to argue and still numb from the weekend in Jerusalem, the disciples obeyed and cast the net on the other side of the boat. And the waters began to move. Big fish darted from all directions into the net. As the disciples began to pull the net into the boat, the weight of the fish began to make the boat tip.

The disciples quickly scrambled to their feet as they saw that the net was in danger of tearing from the huge number of fish that had appeared out of nowhere. The Bible says that there were 153 "large" fish (verse 11). Peter began telling the other disciples what they needed to do to bring the net ashore. Then the young disciple John joyfully exclaimed that the man on shore who had told them to cast the net on the other side was Jesus!

When the disciples came ashore, they saw that Jesus had a fire burning, with a fish breakfast ready to eat. As they drew near the fire and ate the warm meal, they couldn't miss the symbolism of the moment. Only three and a half years earlier, Jesus had come to those very shores to call fishermen to be His disciples. Jesus had promised, "Come after Me, and I will make you become fishers of men" (Mark 1:17). Now they were eating the fish of the lake in preparation for discussions about fishing for souls in the years to come.

Preparing the disciples for mission

Jesus began by reestablishing Peter among them, because Peter had denied Jesus out of fear during the trial at the high priest's house. With cursing and swearing, Peter had done his best to disassociate himself from Jesus three times, convinced that he would die otherwise. Now, Jesus publicly asked Peter three times if he loved Him, and Peter tearfully acknowledged that he loved Him. Then Jesus hugged Peter and said, "Feed My sheep" (John 21:15–17).

For the next forty days, a glorified, risen Jesus reviewed ministry and mission with His disciples. Many other disciples also heard Jesus speak after His resurrection. The apostle Paul wrote that after Jesus' resurrection, "He was seen by over five hundred brethren at once" (1 Corinthians 15:6). Jesus had begun His ministry by experiencing forty days in the wilderness after His baptism. His disciples would now experience forty days with Him to prepare for their baptism in the Holy Spirit.

John 14:25–28 records Jesus as saying to them, "These things I have spoken to you while being present with you. But the

Helper, the Holy Spirit, whom the Father will send in My name, He will teach you all things, and bring to your remembrance all things that I said to you. Peace I leave with you, My peace I give to you; not as the world gives do I give to you. Let not your heart be troubled, neither let it be afraid. You have heard Me say to you, 'I am going away and coming back to you.' If you loved Me, you would rejoice because I said, 'I am going to the Father,' for My Father is greater than I."

On the fortieth day, Jesus took His disciples back to His beloved Gethsemane on the Mount of Olives. Time had passed so quickly that everyone was still hoping there would be more fellowship after the forty days were fulfilled. Now the eleven disciples felt a sense of uneasiness as they stood with Jesus in the most familiar place of prayer in their ministry together. Jesus had been arrested there. And now it was there that Jesus challenged them to fulfill their destinies.

Matthew 28:18–20 records His charge to them. He said, "All authority has been given to Me in heaven and on earth. Go therefore and make disciples of all the nations, baptizing them in the name of the Father and of the Son and of the Holy Spirit, teaching them to observe all things that I have commanded you; and lo, I am with you always, even to the end of the age."

Make more disciples! The time had come for the gospel to go to all the world. Jesus was launching the next phase of the ministry to save humanity. Filled with His Holy Spirit, His disciples would lead a movement in His name for the advancement of His kingdom. We reach the greatest level of spiritual maturity when we begin to make disciples.

Jesus had lived and ministered with twelve disciples. They were now to go out and replicate in others what they had become in Jesus. What they had freely received from Him, they were now to give away freely to others. Those who accepted what they had to give would, in turn, replicate their discipleship journey in Jesus with still others. Within a few years, this multiplication of disciples changed the whole Roman Empire. That discipleship movement became a wildfire that spread quickly across the land from one heart to another in the name of Jesus. The passion that drove the early Christian movement came from those who had experienced Jesus personally.

So, Jesus completed His teaching and the preparation of His disciples for the movement they were to lead. Luke 24:44, 45 describes the final details of Jesus' ministry here on earth: "Then He said to them, 'These are the words which I spoke to you while I was still with you, that all things must be fulfilled which were written in the Law of Moses and the Prophets and the Psalms concerning Me.' And He opened their understanding, that they might comprehend the Scriptures.

"Then He said to them, 'Thus it is written, and thus it was necessary for the Christ to suffer and to rise from the dead the third day, and that repentance and remission of sins should be preached in His name to all nations, beginning at Jerusalem. And you are witnesses of these things. Behold, I send the promise of My Father upon you; but tarry in the city of Jerusalem until you are endued with power from on high' " (verses 46–49).

As the conversation ended, Jesus led the disciples on a one-and-a-half mile walk to Bethany. Everyone had noticed that throughout the forty days, Jesus had spent time with them in all the familiar places in Galilee where He had taught them many lessons by example. Jesus had completed their training, and they were now prepared to carry out His great commission. Now, as they reached the outskirts of Bethany, everyone knew they were near the location where Jesus had raised His best friend Lazarus from the dead.

Suddenly, Jesus stopped walking and raised His hands. There, where He had preached many sermons and performed many miracles, Jesus blessed His disciples. Then, silently and with His hands still raised, Jesus began to rise into the air. Higher and higher He rose, until He disappeared into the clouds.

Not expecting His departure, some of the disciples probably wanted to cry out for Him to stay. But two angels were in their midst. They said to the disciples, "Why do you stand gazing up into heaven? This same Jesus, who was taken up from you into heaven, will so come in like manner as you saw Him go into heaven" (Acts 1:11). Jesus was to come again in the clouds! From that day forward, His second coming would be referred to as "the blessed hope" (Titus 2:13).

The Holy Spirit descends

The eleven disciples returned to Jerusalem just as Jesus had asked. Their assignment was to come together in unity, forgiving each other for the disputes and misunderstandings that divided them and praying together for the outpouring of the Holy Spirit. In Acts 1, we are told the disciples went back to the upper room. There they were joined by Mary the mother of Jesus, some of Jesus' brothers, and the women who had witnessed His crucifixion. They prayed together for God's blessing as never before.

In the next several days, more disciples arrived to join the prayer movement in the upper room. We are told that, eventually, 120 were present. There they selected a man named Matthias to replace Judas Iscariot, completing the twelve disciples for the ministry of apostleship that was to follow. They stayed together and persevered in prayer and unity before God.

As the day of Pentecost approached, the city of Jerusalem buzzed with thousands of Jewish pilgrims from countries throughout the Middle East and beyond who had come for the feasts. Arabic, Greek, Somali, dialects from Asia Minor, Farsi, Latin, and many other languages were heard throughout the city. Although the disciples didn't know what was going to happen, they tarried in prayer together in one accord, continually asking God to pour out His Holy Spirit.

The answer came abruptly among those gathered in that place as the sound of a mighty wind was heard rushing into the room. The wind became a roar with manifestations of power unlike anything any of them had ever seen. As they looked around at each other, they saw what appeared to be flames landing on each person's head. So mighty was the rush of wind that everyone knew instinctively that it was the movement of the Holy Spirit. Jesus had fulfilled His promise!

With confidence and clarity, they began to speak in different languages as the Spirit gave them ability. The disciples then went outside and dispersed among the countless people in the streets of the city, preaching of Jesus with power and a holy conviction. Never in history had a group of people ever been imbued with such power. As they preached, the people listening marveled at how each could understand the sermons in their own languages. These disciples were but simple men of Galilee, so how could they speak so authoritatively and with such knowledge that even the most educated among the listeners felt challenged and convicted of their need for Jesus?

Thousands were baptized that day in Jerusalem, and thousands more the next day. As the discipleship movement grew beyond the borders of Israel, churches were planted in all parts of the Empire, from Europe in the north to Asia in the east and Africa in the south.

There were extremely few written materials; all copies had to be made by hand. So, Christians had to disciple other people personally. I am reminded of an experience in Peru, where I had the honor of preaching in the Caravan of Power, a national discipleship evangelism initiative. High up on the altiplano of Peru, along the shores of Lake Titicaca, an elderly man—deeply tanned and wrinkled from the many years of living above twelve thousand feet in elevation—walked up to me and shared his testimony. He humbly told me that Jesus had blessed him in bringing more than one hundred souls for baptism that year.

I was moved by the authenticity of the elderly gentleman's faith.

I asked him how he brought these people to the Lord. He said, "I can't read or write, and because I'm over eighty years old, it's too late for me to learn. But God gives me the blessing of loving others as He loves me and of serving others as He served me." He told me that he gets up at three-thirty each morning, goes out to the foothills of the Andes mountains, and helps people with their needs before they leave to shepherd their llamas, cows, and sheep.

Whenever this man discovers a need, he does his best to supply it or to bring someone else who can. Sometimes he can give only a sympathetic ear or a grandfatherly touch. Although he can't give a Bible study to the people he visits, he tells them what he has learned about Jesus by the way he loves and serves them. People become so moved by his kindness that they come to church and seek baptism. I was there for those baptisms inspired by the elderly man from the altiplano of Peru. In all, the discipleship movement in Peru led to thousands being baptized in the two weeks that I was there.

When the Spirit comes again

The day of Pentecost was a historic day that marked the launch of the Christian era. This movement began with disciples. So it will be in these last days: The movement will end with disciples. This is Christ's model. But there's something coming that will be far more powerful than that day of Pentecost long ago in Jerusalem. The final outpouring of the Holy Spirit will far exceed anything that happened before, because it is to be God's last work on earth before Jesus returns.

God has promised that He will pour out His Spirit on all flesh and that His sons and daughters will prophesy (see Joel 2:28). However, when the Holy Spirit came down on the day of Pentecost, some people didn't receive the blessing because they didn't respond to the call to pray and unite with fellow believers. So also in these last days, we are told, when the Holy Spirit descends, many will not see it nor discern it.

SEVEN SIGNS

Disciples of Jesus today are identifiable by seven signs in their lives. True disciples are recognized by the cleansing forgiveness of the *sign of the Savior* and a deep sense of belonging through the *sign of His kingdom.* Those who live the *sign of His people* have come to experience the Ten Commandments as the joy of loving and serving God and also loving humans made in His image. This journey gives meaning to the blessing of understanding God's love through prophetic warnings in the *sign of His mercy.* Passionate disciples understand the *sign of faithfulness* in daily living because God is faithful and His Son is faithful, even unto death. The *sign of the character of Christ* becomes ever so relevant and appealing because the disciples experience the actual love that Jesus lived and can now share it with others. Therefore, the final *sign of His Spirit* unleashes the discipleship movement on earth that leads to the second coming of Christ.

The sign of God's Spirit is the greatest sign of all. The first six signs are what God does to transform us into His image. The last sign gives us Holy Spirit power to go forth and shine His character upon the lives of others, making more disciples. We can exclaim along with the apostle Paul, "Christ in you, the hope of glory" (Colossians 1:27) because we have come to the point where we can say, "For to me, to live is Christ"! (Philippians 1:21).

Where can you observe these signs today? You don't need to look far to see them. If you'll search with an open and contrite heart, you'll see the seven signs develop in you! Christian discipleship isn't complicated. It's the surrendering of yourself to Jesus through lifestyle dynamics that go further than merely believing in truth. As a result, the commitment to live Jesus passionately will lead you to become contagious with His love to a broken world starving for forgiveness and restoration.

So, this book concludes with the same statement with which it began. In the final analysis, the life that makes the most impact on earth does so as the result of the work of the Holy Spirit. It's what God does through the life of a humble, courageous servant of people.

FREE BIBLE GUIDES FOR YOU!

If this book has inspired you to search for God's help, here's an opportunity to begin a life changing study of the Scriptures, without any cost or commitment on your part.

Fill out this coupon and send it by mail to:

DISCOVER
P. O. Box 53055
Los Angeles, CA 90053

You may also call toll free 1-888-456-7933, or study online at www.vop.com

✂- - - - - - - - - - - - - - - - - - Coupon - - - - - - - - - - - - - - - - - - -

Please send me the 26 FREE Bible Reading Guides

Name_____

Address_____

City_____

State/Province_____

Zip/Postal Code_____

SIETE SEÑALES 7

José V. Rojas

Atévete a ser un verdadero seguidor de Jesús

Pacific Press® Publishing Association
Nampa, Idaho
Oshawa, Ontario, Canada
www.pacificpress.com

Traducción/*Translation:* Tulio N. Peverini
Diseño de la portada/*Cover Design:* Eucaris Galicia
Diseño del interior/*Interior Design:* Steve Lanto

Primera edición/ *First Edition:* 2005

ISBN 08163-9368-0
Printed in the United States of America

05 06 • 02 01

CONTENIDO

Español
5 • Hay señales
10 • La señal del Salvador
15 • La señal de su reino
24 • La señal de su pueblo
31 • La señal de su misericordia
40 • La señal de su fidelidad
48 • La señal de su carácter
58 • La señal de su Espíritu

Inglés
There Are Signs • 3
The Sign of the Savior • 8
The Sign of His Kingdom • 13
The Sign of His People • 21
The Sign of His Mercy • 28
The Sign of His Faithfulness • 36
The Sign of His Character • 44
The Sign of His Spirit • 53

HAY SEÑALES

"Porque los judíos piden señales, y los griegos buscan sabiduría; pero nosotros predicamos a Cristo crucificado, para los judíos ciertamente tropezadero, y para los gentiles locura; mas para los llamados, así judíos como griegos, Cristo poder de Dios, y sabiduría de Dios" (1 Corintios 1:22-24).

La vida que da más frutos y que más impacta en este mundo es la que se forja por la obra del Espíritu Santo: lo que Dios hace por medio de una persona servicial, humilde y valiente. Estos tres atributos distinguieron el carácter de Cristo durante su ministerio 2.000 años atrás. La humildad, el valor y una vida de servicio son el fundamento sobre el cual Dios también construye su plan para nuestras vidas. Sin embargo, muchas personas no comprenden todavía el impacto de la sencillez del carácter de Jesús. Porque estos tres rasgos de carácter están basados en el amor, y muy a menudo son percibidos como debilidad.

Cuando Jesús nació en Belén, las personas a las que había venido a salvar ya habían desarrollado formas de pensamiento que resistían automáticamente todo lo que Jesús enseñaba. Lo que el Maestro de Nazaret decía o hacía era visto y analizado sobre la base de ideas preconcebidas respecto de la obra del Mesías esperado.

Por ejemplo, en esos tiempos los judíos esperaban un poderoso Mesías militar que los liberara del temido Imperio Romano.

En aquel entonces, Roma había conquistado gran parte de Europa, del Medio Oriente y del norte de África, y había gobernado con un régimen de hierro que requería el pago de los impuestos y la obediencia a sus leyes.

La historia de Israel estaba llena de relatos milagrosos de la intervención divina en favor de su pueblo, como la liberación de Egipto con mano fuerte y segura. Dios también había realizado grandes milagros en el desierto, cuando condujo a sus hijos hasta la tierra prometida de Canaán. Los milagros continuaron definiendo la experiencia de Israel a lo largo de las generaciones, a la vez que Dios intervenía muchas veces para preservar a su pueblo en las batallas con enemigos poderosos. No es de sorprenderse que por ese entonces la cultura de Israel hubiera llegado a esperar los milagros de Dios como una señal de su presencia. Y más aún, era lógico que muchos judíos se rebelaran contra la ocupación romana. Los rebeldes, conocidos por el término "zelotes", instaban a otros judíos a pelear contra los invasores y esperaban que en esas insurrecciones, Dios obrara milagrosamente en su favor. Sin embargo, cada insurrección era brutalmente aplastada por las legiones romanas que ocupaban Israel.

Durante el mismo periodo, los griegos respondieron en una forma muy distinta. La cultura griega tenía la tendencia de enfocarse en la búsqueda del conocimiento. Los grandes filósofos, como Sócrates y Platón, entre otros, habían influido en la cultura griega por generaciones, al punto que la mayoría de griegos consideraban el razonamiento humano como más importante que otros conocimientos. La cultura judía requería milagros, la cultura griega requería conocimiento.

Esto es lo que todavía enfrentamos en nuestro mundo actual. Muchas personas necesitan milagros constantemente para probar que Dios existe y que está con ellos. Y hay quienes necesitan abundante razonamiento humano para explicar cada elemento de la existencia, y cuando no lo tienen reafirman su ateísmo.

Jesús de Nazaret frustró todas estas expectativas cuando vino a servir en un mundo vacío del amor divino. Enfrentó de un modo especial cada prejuicio, cada reacción airada y violenta sustentada en lo que se suponía que el Mesías debía hacer.

Desde el mismo comienzo, fue notable a todos el hecho de que Jesús llamara literalmente a cualquier persona a que lo siguiera. La lista de discípulos incluía a un pescador ignorante, un conocido malversador de fondos, un zelote activo, dos jóvenes a quienes les faltaba aún madurez, un dudoso contador y otros de quienes conocemos muy poco o nada. Al examinar la lista de los discípulos, ¡puedes ver esencialmente a un grupo heterogéneo de inadaptados que no alimentan en nada la idea de un Mesías que vino a salvar a Israel!

¿Cómo pudo Jesús llamar a estas personas no calificadas? Estoy seguro de que había muchas más personas en Israel que podrían haber sido mejores seguidores del Señor. ¿Por qué Jesús hizo un trabajo tan pobre, dando lugar a que lo siguieran los peores, y no los mejores de Israel?

El modo de pensar de Jesús, al escoger sus discípulos, nos enseña algo acerca de su método de obrar en esta tierra. Alguien dijo cierta vez: "La gente desarrolla métodos, Dios desarrolla a la gente. La gente son el método de Dios". Jesús llamó a doce pecadores para que fuesen sus discípulos. Los llamó porque vio en ellos lo que podían llegar a ser si caminaban diariamente con él. Estos discípulos aprenderían que el reino de Jesús no es de este mundo. ¡También aprenderían que pronto serían llamados a hacer aún más discípulos para Cristo, en una reacción en cadena que impactaría al mundo entero!

Para salvar a la humanidad

Aunque el Maestro hacía muchos milagros cada día entre la gente, no realizó el tipo de milagros que demandaban los dirigentes de Jerusalén. Aunque apelaba al razonamiento de la gente,

no ofreció la lógica que esperaban los principales pensadores de su época. Sin embargo, Jesús cumplió su misión de salvar a la humanidad de las garras de Satanás. Lo hizo de acuerdo con la voluntad de su Padre y no la nuestra. Jamás usó su propio poder. Siempre dependió del amor de su Padre para sanar, para persuadir y llamar a la gente al arrepentimiento, extendiendo el llamado al discipulado. Los sacerdotes al pie de la cruz tenían razón. Jesús no vino para salvarse a sí mismo, aunque podría haberlo hecho. ¡Vino a salvarnos a nosotros! Por eso más tarde el apóstol registró esta declaración de Jesús: "Yo he venido para que tengan vida, y para que la tengan en abundancia" (S. Juan 10:10).

El milagro amante que Jesús realizó en la cruz disipó la expectativa de los discípulos de un milagro militar violento que los liberara de Roma. En la cruz, Jesús desafió el razonamiento humano cuando mostró a un Dios amoroso que verdaderamente está dispuesto a morir por gente indigna, perdida en sus pecados. Es en la cruz donde Jesús muestra claramente que su reino no es de este mundo. Ésta es la razón por la que el apóstol Pablo señaló que para los judíos la cruz era una piedra de tropiezo, y para los griegos una completa insensatez. Pero para los que hoy en día somos llamados a ser sus discípulos, ¡Cristo es el poder de Dios y la sabiduría de Dios!

Después de su resurrección, Jesús convivió con sus discípulos en Galilea durante cuarenta días. En ese tiempo les dijo que todo lo que le habían visto hacer a él, ellos también harían, e incluso agregó que harían cosas "mayores". Jesús describió varios de los dones que aparecerían entre ellos, incluso el de sanidad, el de enseñanza, el de predicar a gobernadores y a otros dirigentes, y aun el de echar fuera demonios.

El momento más poderoso a la orilla del mar ocurrió cuando Jesús mandó a sus discípulos: "Id, y haced discípulos a todas las naciones, bautizándolos en el nombre del Padre, y del Hijo, y del Espíritu Santo; enseñándoles que guarden todas las cosas que os

he mandado; y he aquí yo estoy con vosotros todos los días, hasta el fin del mundo" (S. Mateo 28:19, 20). Jesús no podría haber hecho algo más simple que un llamado al discipulado. Ser un discípulo no es meramente seguir a Jesús, sino también aprender de él y ser transformado a semejanza de su carácter. El misterio de la simplicidad del amor confunde al mundo. Ese misterio continúa hasta hoy.

Alguien dijo cierta vez que Dios nos acepta tal como somos, pero nos ama tanto que no nos dejará así. A lo largo de la historia vemos que Dios ciertamente transforma a la gente a su imagen. La experiencia de ser un discípulo de Cristo es tan poderosa que literalmente transforma nuestras vidas. Hay un dicho latino que dice: "Dime con quien andas y te diré quién eres". Cuando vives con Jesús, cada día llegas a ser más parecido a él.

La experiencia del discipulado con Jesús se convierte en un viaje apasionado que conduce al deseo de hacer más discípulos. La bendición es tan personal que no puedes contenerte de decirle a otra persona lo que has visto en el Señor. Como Jesús, sus discípulos también satisfacen primeramente las necesidades de los demás, luego hablan sobre el reino de Cristo en base a una experiencia personal con él.

Hay siete señales que identifican a un discípulo de Jesús. Con estas siete señales identificamos a los verdaderos discípulos de Jesús y qué hace Dios mediante sus vidas consagradas a él. Las señales son simples y directas. Estas señales dan un vistazo a un estilo de vida tan sencillo, y sin embargo tan dinámico, que llega a producir más discípulos para Cristo.

El verdadero discipulado cristiano es una forma de vida, no meramente una lista de creencias. Dios predijo que este movimiento llegaría al mundo. Dios te está llamando para que seas parte del cumplimiento de esta profecía.

LA SEÑAL DEL SALVADOR

"Porque de tal manera amó Dios al mundo, que ha dado a su Hijo unigénito, para que todo aquel que en él cree, no se pierda, mas tenga vida eterna. Porque no envió Dios a su Hijo al mundo para condenar al mundo, sino para que el mundo sea salvo por él" (S. Juan 3:16, 17).

Una de mis canciones favoritas cuenta la historia de una persona que caminaba por una estación de ferrocarril observando a la gente que pasaba por allí. Con un suave aire de compasión, el canto describe el dolor de alguien que ve a tantos caminando apresuradamente, y los compara con las incontables personas que están perdidas en este mundo. Pinta un cuadro en el que muchos llevan "su equipaje lleno de vergüenza". El tren que están abordando conduce a la muerte, y la melodía toma un tono triste. Las palabras expresan una verdad universal: "A lo largo de los siglos, el corazón del hombre necesita perdón y libertad".

Pero, luego, el canto se transforma en una nota llena de esperanza, cuando la letra dice: "Y estoy lleno de una profunda compasión, como mi Padre me la ha dado. ¡Siempre predicaré el Evangelio, hasta los extremos de la tierra, hasta que todos hayan oído que Jesús es el camino al tren que va rumbo al Cielo!"

Sal afuera de tu casa y mira lo que pasa a tu alrededor. Vivimos en un mundo que parece estar vivo, pero que en realidad se está muriendo por dentro. En lo profundo del corazón de muchas personas no hay esperanza. Cuando encendemos el televisor, todos nuestros deseos de "paz en la tierra" se derrumban

ante las continuas historias de guerra y de crimen, tanto en nuestro vecindario como en todo el mundo.

He trabajado como ministro del Evangelio con personas de muchas culturas y en muchos lugares durante ya casi tres décadas. En este tiempo he llegado a entender una gran verdad acerca de nuestra sociedad posmoderna. Podemos reducir todo a un denominador común cuando miramos la mayor necesidad que hoy tiene la gente.

Algunos sugerirían que nuestra mayor necesidad es de alimento, y ciertamente el hambre produce un estado de emergencia extrema, de proporciones asombrosas en muchos lugares de la tierra. ¡Cada tres segundos, alguien muere de hambre en nuestro planeta!

Otros dirán que la mayor necesidad es la de más conocimiento de las enseñanzas de la Biblia. Pero en los miles de encuentros personales que he tenido con la gente, ya sea en el marco privado de una iglesia, junto a un escenario de un estadio, en el trabajo, en un hogar, en un avión o en los edificios del gobierno, he oído el mismo clamor que surge continuamente. No importa cuál sea el tema que se está tratando, la gente tiene *una necesidad primordial de perdón*.

La culpa causa muchas de las disfunciones que vemos hoy en día en los hogares. A menudo, las familias se dividen como consecuencia de la culpa en la vida de los padres, transmitida a sus hijos. En el trabajo, la culpa es la causa de muchas conductas disfuncionales entre empleados. En algunas iglesias hay personas que se presentan como muy santas, porque asumen ciertas formas religiosas, pero al mismo tiempo tratan a otros con una crueldad brutal en nombre de Dios.

Tengo amigos que han prestado servicio en las fuerzas armadas y que viven con un trauma profundamente arraigado en sus mentes a causa de haber visto tanta muerte. La culpa de haber sobrevivido a la guerra, o de haber visto errores que produjeron muertes inocentes, o meramente por haber sido victoriosos en

una batalla al precio del dolor ajeno, hace que muchos veteranos necesiten todo tipo de apoyo psicológico.

Ya sea por hechos recientes o por vivencias de hace mucho tiempo, muchas personas viven con una necesidad indescriptible de perdón. La culpa es algo muy real. La Biblia se refiere correctamente al diablo como "el acusador de nuestros hermanos" (Apocalipsis 12:10). Satanás hace bien su trabajo y nos mantiene suficientemente desequilibrados como para impedir que tengamos vidas llenas de significado, que produzcan fruto para el reino de Dios.

El ministerio de Jesús es la respuesta directa de Dios a nuestra culpa. Jesús no vino a este planeta porque nosotros somos buenos; vino porque él es bueno. Jesús no vino porque somos fuertes; vino porque él es fuerte. Se nos dice en la Biblia en tono triunfal que "siendo aun pecadores, Cristo murió por nosotros" (Romanos 5:8).

Pero experimentar el perdón del pecado significa que un corazón contrito ha respondido a la gracia de Cristo. Si alguien no quiere ser perdonado, Jesús no impondrá su perdón a esa persona. Imagínate cuán difícil es esto para Jesús: tener la voluntad de redimir al hombre pero no poder decidir por él ni contra él. Muchos deciden simplemente encubrir y negar su culpa antes que rendirse al Salvador. Otros piensan que Dios nos está pidiendo demasiado a cambio.

Otro principio importante que no podemos pasar por alto aquí es que todo lo que Jesús nos pide, él lo hizo primero. Jesús nunca te pedirá a ti y a mí que demos un paso que él no dio. Jesús siempre nos muestra el ejemplo de lo que dice, y luego nos invita a responder en consecuencia. Aunque Jesús vino como el Hijo de Dios para salvarnos, nunca usó su divinidad para tener una ventaja sobre nosotros. Jesús fue tentado en todas las cosas, así como lo somos nosotros, pero nunca pecó. Eligió ser plenamente humano y depender de su Padre, así como nos invita a que dependamos hoy del Padre.

Ya hemos sido aceptados

¿Tienes conciencia de que "de tal manera amó Dios al mundo, que ha dado a su Hijo unigénito, para que todo aquel que en él cree, no se pierda, mas tenga vida eterna" (S. Juan 3: 16)? Dios demostró su amor cuando envió a su Hijo. Jesús luego se dio completamente por nosotros en la cruz con el propósito de pagar nuestra culpa y salvarnos de nuestros pecados.

Muchos no aceptan la invitación de Jesús hoy de ser sus discípulos, porque aún no han comprendido que Jesús los acepta primero. Pero es en este punto donde las buenas nuevas del Evangelio llegan a ser verdaderamente preciosas. Jesús ya te aceptó hasta el punto de haber pagado el precio por tus pecados y haberte ofrecido perdón. ¿Lo aceptarás?

Recuerda que cuando Dios perdona, perdona completamente. Quizás otra manera para comprender la intensidad del poder del perdón es considerar un ejemplo que ocurrió en Sudáfrica recientemente. Se presenciaron muchos momentos increíbles de curación emocional durante las audiencias de la Comisión de Verdad y Reconciliación realizadas después de la caída del *apartheid*, que separó las razas y causó tanta injusticia y dolor por generaciones en esa gran nación.

Durante una audiencia, una mujer negra se sentó en la silla de los testigos, enfrentando al comandante que había ordenado que su esposo y su hijo de dieciséis años fuesen muertos por "causar caos" durante demostraciones contra el *apartheid*. Este comandante ordenó que el hijo fuese muerto y quemado enfrente de ella, y que sus huesos y cenizas fuesen llevados a otra parte. Más tarde, el mismo comandante, en una operación horripilante a media noche, llevó preso a su esposo, y después de dos años, lo mató, quemó su cuerpo y desechó los huesos y las cenizas.

Se produjo un silencio total en la sala cuando se le preguntó a la mujer, que lloraba, qué debería hacerse con el comandante, quien había admitido ser el hombre que había ordenado esas atrocidades

contra aquella familia. Todos miraban en dirección de la mujer que estaba en el estrado de los testigos. El silencio era palpable.

La mujer levantó la vista tristemente y miró directamente a los ojos del comandante, nervioso y sudoroso. Ella sólo tenía tres cosas para decir. Humildemente preguntó: "¿Puede usted llevarme al lugar donde están los huesos y las cenizas de mi esposo y de mi hijo? Quisiera darles un entierro digno". Entonces agregó: "Lo perdono y Dios también lo perdonará". Luego, en una liberación espontánea de un dolor abrumador, le dijo al comandante: "¡No tengo a nadie a quien amar! Usted me llevó a los únicos seres a quienes alguna vez amé. ¿Hay alguna forma de que usted pueda venir a mi casa de vez en cuando para aprender a amarlo?" Toda la sala del tribunal se sintió sobrecogida por sus palabras y hubo una explosión espontánea de exclamaciones y de llanto entre el gentío pasmado que presenció el encuentro.

El poder del perdón va más allá de meramente "dejarlo en el pasado". Dios puede verdaderamente liberar a un alma torturada, mediante el poder del perdón. Lo que esta mujer demostró excede por lejos las palabras vacías que oímos acerca del perdón. El perdón que el comandante recibió en ese día demuestra que el poder de Dios transforma vidas de un modo que quizá jamás hemos imaginado. Increíblemente, ¡el comandante y su familia llegaron a ser amigos íntimos de la mujer que había perdido todo por ese hombre!

Un discípulo de Cristo comienza el viaje de fe experimentando primeramente el perdón en su vida. El perdón es el puente que se tiende en el abismo que nos separa de Dios. La reconciliación comienza cuando Dios nos perdona y se nos abren nuevos horizontes de luz y esperanza con él.

El apóstol Juan escribió: "Si confesamos nuestros pecados, él es fiel y justo para perdonar nuestros pecados, y limpiarnos de toda maldad" (1 S. Juan 1:9). La primera señal que se identifica en la vida de un discípulo es la señal de un Salvador. ¿Has visto la señal del Salvador en tu vida? Hoy es tu día.

LA SEÑAL DE SU REINO

"En aquel tiempo los discípulos vinieron a Jesús, diciendo: ¿Quién es el mayor en el reino de los cielos? Y llamando Jesús a un niño, lo puso en medio de ellos, y dijo: De cierto os digo, que si no os volvéis y os hacéis como niños, no entraréis en el reino de los cielos" (S. Mateo 18:1-3).

Cuando Jesús iba de lugar en lugar, dejaba bien claro que había venido para llamar a la gente a que lo siguiese. No importa quién fuera, qué hubiese hecho, o en qué hubiese fracasado en la vida, cuando Jesús se le acercaba, simplemente le decía: "Sígueme" (S. Lucas 5:27). Estoy sorprendido de cuán sencillo es el ministerio de Jesús. A lo largo de los años, de algún modo hemos llegado a complicar nuestra comprensión de lo que significa "seguir a Jesús". Pero en las historias bíblicas, vemos vez tras vez la simplicidad del momento cuando Jesús se acerca a un individuo y sencillamente lo invita a seguirle.

Cuando Jesús llamó a Pedro y a su hermano Andrés, los encontró pescando junto a las orillas de Galilea. Estos hombres probablemente no habían asistido siquiera un día de su vida a una escuela. No eran conocidos por tener alguna posición significativa de liderazgo en la ciudad; y probablemente no eran conocidos como hombres "refinados" y de importancia en la comunidad. Pero cuando Jesús se les acercó, dijo: "Venid en pos de mí, y os haré pescadores de hombres" (S. Mateo 4:19).

Más tarde, Jesús se acercó a un recaudador de impuestos llamado Mateo, quien estaba sentado a la mesa recaudando dinero de su

propio pueblo para los romanos. Mateo no sólo recaudaba impuestos, sino que también defraudaba a la gente, porque les cobraba intereses de más y así se enriquecía con el sufrimiento de su prójimo. Jesús se acercó a este embaucador público, invitándolo también a seguirle. Debe de haber habido cierta indignación entre la gente cuando vieron a Jesús invitando a este odiado funcionario público a que lo siguiera. Pero mientras Jesús continuaba de lugar en lugar, era evidente de que el sentir de la gente no lo detuvo en su determinación de llamar a otros seguidores indignos a que caminaran con él.

Jesús tenía un propósito definido al llamar a los discípulos. Había decidido que necesitaba confrontar la creencia popular de que el Mesías vendría a liberar a Israel del yugo romano. Durante muchos años Israel había esperado un Mesías político-militar. Ahora que Jesús estaba entre su pueblo, buscó demostrar las razones de su ministerio. Actuó decisivamente para anunciar y establecer el reino de su Padre.

La liberación de Israel del dominio romano, que el pueblo esperaba, era algo pequeño en comparación a lo que Jesús vino a hacer en el mundo. Mucho más importante que liberar a Israel del poder romano, ¡Jesús vino a pagar el precio por nuestros pecados, ofreciendo la liberación del reino de este mundo! Este objetivo eterno era mucho más grande que lo que podría lograr cualquier aventura militar temporal. Esto significaba que el reino de su Padre era más grande que lo que la mente de una persona común podía imaginar. Jesús sabía lo que iba a hacer, pero todos los demás tendrían que aprender lo que eso significaba durante los siguientes tres años y medio de su ministerio.

No es de este mundo

Jesús hizo una declaración y la repitió a menudo, a veces diariamente, para tratar de afirmar el objetivo de su ministerio. Él declaró inequívocamente: "Mi reino no es de este mundo" (S. Juan 18:36). No pudo haberlo dicho de forma más sencilla. ¿De

qué otra manera podría haberlo expresado más claramente? A menudo él comparó el reino de su Padre con personas a quienes les fueron perdonadas las deudas por amos benevolentes; también lo comparó a una fiesta de bodas, a cosechas, y con muchas otras situaciones familiares donde los que respondían a Dios recibían grandes bendiciones. ¡Sin embargo, la única respuesta que Jesús recibía de sus discípulos vez tras vez era que aclarase quién sería el primero en su reino una vez que él sacara a los romanos!

Ten cuidado de cómo piensas de estos discípulos ignorantes, aparentemente ciegos, que literalmente vivieron y caminaron con Jesús cada día. Hoy en día muchas personas todavía intentan construir el reino por su cuenta.

Jesús respondía a la gente cada vez que cuestionaba su papel en la construcción de un nuevo reino. Cuando predicaba, Jesús se mantenía firme en su propósito de explicar a la gente el reino de su Padre. Estoy seguro que a veces Jesús se sintió tentado a pensar que la gente nunca entendería su misión de establecer el reino de su Padre. Pero él nunca se dio por vencido.

Según San Mateo 13: 24-51, en cierto día soleado de Galilea, Jesús emprendió nuevamente la tarea de describir el reino de su Padre mediante un conjunto de parábolas que pintaban un cuadro sencillo de las características esenciales del reino de Dios en la vida de sus hijos. Supo cómo apelar al razonamiento humano. Comparó el reino de Dios con cosas de la vida cotidiana que les eran comunes a la gente, para que pudieran entender en sus propios términos. Para los campesinos, que vivían en áreas rurales, Jesús usaba ejemplos de semillas, higueras, viñas, campos, gorriones y muchos otros elementos de la naturaleza que les eran familiares y que podían entender fácilmente. Para los que vivían en la ciudad, Jesús contaba historias acerca de dinero, trabajadores, deudores, propietarios y otros elementos con los cuales la gente de la ciudad también podía identificarse. No importa cuál era el marco o las personas, ¡Jesús hacía que el Evangelio cobrara vida! ¡Jesús verdaderamente habla nuestro lenguaje!

En su primera descripción del reino, comenzó diciendo: "El reino de los cielos es semejante a un hombre que sembró buena semilla en su campo; pero mientras dormían los hombres, vino su enemigo y sembró cizaña entre el trigo" (S. Mateo 13: 24, 25). La gente escuchaba atentamente mientras el Maestro de Nazaret describía cómo los trabajadores trataban de sacar la cizaña de entre el trigo. El amo les pidió que dejaran la cizaña, asegurándoles que cuando llegase la cosecha, los cosechadores separarían el trigo de la cizaña. Se esforzó grandemente para recalcar que, si los trabajadores intentaban sacar la cizaña, accidentalmente sacarían el buen trigo.

La multitud asombrada escuchaba mientras Jesús explicaba que el sembrador de la semilla era Dios. La cizaña representaba a "los hijos del malo", y la buena semilla a "los hijos del reino". "La siega es el fin del siglo; y los segadores son los ángeles", que, cuando Jesús regrese para redimir a los suyos, separarían a los salvados de los que rechazaron la salvación (vers. 37–39).

Jesús indicó claramente que no era sabio sacar la cizaña. Mientras la multitud escuchaba la parábola junto a la orilla de ese lago, muchos pensaban cuán críticos habían sido con los demás y cuán a menudo herían innecesariamente a otros. El problema de sacar la cizaña de entre el trigo en las congregaciones cristianas es algo que continúa hasta nuestros días. Hay personas que realmente piensan que de algún modo Dios les ha dado un permiso divino para criticar y juzgar a otros. Demasiado a menudo vemos a cristianos bien intencionados que, en su celo por proteger a una congregación, alejan a personas buenas e inocentes de la casa de Dios y de su verdad.

Como semillas de mostaza

En su siguiente ejemplo, Jesús dijo que el reino de los cielos era "como una semilla de mostaza" (vers. 31). Aunque la semilla de mostaza es muy pequeña, se convierte en un arbusto muy

grande, tan grande que aun los pájaros pueden descansar en sus ramas. ¡Qué increíble que de una semilla tan pequeña pueda nacer una planta de ese tamaño!

Cuando yo era niño y vivía en California, recuerdo haber visto plantas secas de mostaza rodando por las calles, sopladas por los vientos fuertes. Cuando estas grandes plantas van girando, dejan caer miles de semillas a lo largo del camino. Quienes viven en climas secos y subestiman el poder de la semilla de mostaza, ¡no han sacado malezas de su patio! Así como la semilla de mostaza es pequeña y se la subestima, Jesús dejó claro que muchos pueden percibir el reino de los cielos como una experiencia pequeña e insignificante, ¡pero en realidad llega a ser muy grande y rinde una enorme cantidad de semillas!

En la siguiente descripción, Jesús dice que el reino de los cielos es "semejante a la levadura que tomó una mujer, y escondió en tres medidas de harina" (vers. 33) antes de hacer su pan. Cuando hacemos pan, la mayoría de nosotros sabe que la levadura hace que la masa se levante. La levadura tiene un impacto transformador en el pan. También el reino de los cielos tiene una influencia transformadora en los discípulos de Jesús.

Cuando yo asistí a la escuela secundaria en 1974, había una panadería en el plantel del colegio. El momento más precioso del día era las 3:00 p.m., cuando la panadería terminaba de hornear el pan del día. El aroma del pan fresco se esparcía por todo el plantel en una forma que no puedo describir. Por lo menos una vez por semana, algunos de nosotros esperábamos a esa hora fuera de la panadería para comprar una barra de pan recién horneada, aún calientito. Recuerdo haber sacado grandes pedazos de pan (¡no rebanadas!) y haberlos puesto en mi boca. Si tienes problema para entender lo que quiero decir, ¡ve mañana a la panadería, compra una barra de pan recién horneada y saboréala por ti mismo!

La levadura tiene un efecto poderoso sobre el pan. De la misma manera, cuando somos parte del reino de Dios, el mensaje

divino tendrá un efecto poderoso en nuestras vidas. Nada puede elevarnos a mayores alturas de la existencia. Nada puede ser más delicioso que experimentar el impacto de Dios en nuestras vidas. De vez en cuando encontrarás personas que crecen con una gracia especial, porque han experimentado la levadura que Jesús tiene para dar.

En otra descripción del reino de los cielos, Jesús lo comparó con "un tesoro que estaba escondido en un campo" (vers. 44). En esta escena, él describe a un hombre que descubrió este tesoro, pero que aún no era dueño del campo. El hombre fue y vendió todo lo que tenía a fin de comprar ese campo. Después que lo compró, el hombre se regocijó en su riqueza recién hallada.

¿Cuán intensamente quieres algo? El hecho de que una persona llegue a estar tan entusiasmada y decidida en obtener algo significa que considera que ha encontrado algo extremadamente valioso. Piensa en esto: no perdemos tiempo o posesiones preciosas para conseguir algo que no creemos que sea valioso. Durante mi infancia, cuando mi padre veía un automóvil que consideraba que era "el de sus sueños", literalmente vendía la mayoría de sus pertenencias para juntar dinero a fin de comprarlo. Jesús explicó que cuando verdaderamente comprendemos el valor de ser parte del reino de Dios, hacemos todo lo posible para lograrlo. Las personas que han llegado a experimentar esta bendición tan real, están dispuestas a sacrificar placeres personales, posesiones, ideas propias y cualquier otra cosa que ocupa el lugar de Dios en sus vidas. Muchas personas no llegan a entender el valor del reino de Dios hasta que el Señor interviene en su existencia de un modo dramático, como, por ejemplo, salvándolas de la muerte en un accidente automovilístico, sanándolas de una enfermedad temible, o proveyéndoles milagrosamente el dinero necesario para pagar una deuda.

En otra ilustración del reino de Dios, Jesús contó la historia de un hombre que "encontró una perla de gran precio" (vers. 45 y 46). La perla era tan especial y valiosa que el hombre vendió

todo lo que tenía a fin de comprarla. Una perla es especial porque es el producto de un grano de arena que cayó dentro de una ostra causándole una irritación. A fin de sobrevivir, la ostra automáticamente comienza a cubrir ese grano de arena con la misma sustancia que recubre el interior de su concha. Con el tiempo, el revestimiento sobre ese grano de arena continúa creciendo, produciendo así una joya de la naturaleza.

Jesús dijo que realmente hay perlas de gran precio. Como las perlas del mar, hay perlas bíblicas que llegan a ser preciosas cuando las descubrimos. Estas verdades maravillosas de la Palabra de Dios no pueden entenderse hasta que las experimentamos en carne propia. Pero con toda seguridad, el día que identifiquemos una de las perlas preciosas de la Biblia, sacrificaremos el mundo entero por tenerla en nuestra vida.

Finalmente, Jesús explicó que el reino de los cielos es también como la red de un pescador (vers. 47 y 48). Cuando un pescador sale a pescar, lo hace con la intención de atrapar muchos peces. Entre los peces recogidos, muchos serán guardados y otros serán arrojados de nuevo al agua. Jesús termina la serie de descripciones del reino de los cielos de la misma manera en que la comenzó. En el primer ejemplo, él habló sobre la buena semilla y de un enemigo que sembró cizaña, y que en el fin del tiempo, Dios separará el trigo de la cizaña. Ahora en esta parábola, Jesús habla de apresar muchos peces, y que algunos serán conservados y otros serán separados y arrojados al agua nuevamente.

El establecimiento del reino de su Padre

Seguramente, cuando Jesús completó su sermón sobre el reino de los cielos, la gente se habrá mirado entre sí maravillada ante su enseñanza. Jesús estaba conduciendo intencionalmente a la multitud de la creencia de que el Mesías los liberaría de Roma, a una mayor comprensión de su misión: la de establecer el reino de su Padre.

Muchos de los oyentes habían oído predicar a Juan el Bautista: "Arrepentíos, porque el reino de los cielos se ha acercado" (S. Mateo 3:2). Juan había preparado el camino para la venida del Mesías. Ahora, Jesús estaba entre ellos. El reino de los cielos comienza cuando uno llega a ser un discípulo del gran Maestro. Para asegurarse de que la gente pudiera recibir esta semilla de fe en sus vidas, Jesús usó símbolos de la vida cotidiana.

Piensa en esas mismas personas volviendo a sus casas al atardecer. ¡Imagina sus conversaciones, compartiendo con los miembros de la familia lo que habían aprendido ese día a la orilla del mar! El reino de los cielos cobró un nuevo significado gracias a la experiencia personal que habían tenido con Jesús.

El reino de los cielos también puede comenzar en tu vida hoy. Dios quiere darte un sentido de ciudadanía, un sentido de pertenencia. Pronto llegará el día cuando Jesús hará "nuevos cielos y nueva tierra", y todas las cosas viejas pasarán (Apocalipsis 21:1). Tú no necesitas esperar hasta entonces para comenzar tu viaje de discipulado con Jesús.

Cuando yo era un adolescente, en la década del 70, se realizó una encuesta. Se le preguntó a la muchachada: "¿Qué quieres hacer cuando llegues al cielo?" La mayoría de los alumnos contestaron que querían "cabalgar en un león". Me impresionó cuán superficial es la comprensión que tenemos del cielo. ¡La razón para llegar al cielo es Jesús! La Biblia nos dice que en la Tierra Nueva, él mismo será nuestra luz y que allí no habrá necesidad de que el sol alumbre durante el día (véase Apocalipsis 21:23). Ése es el mismo Jesús que hoy puede vivir en nuestras vidas.

Tú y yo podemos recibir esa buena semilla que llevará fruto a ciento por uno. Y podemos estar seguros de que, a pesar de que un enemigo pueda sembrar cizaña entre nosotros, Dios preservará la buena simiente. A menudo se entiende mal esta buena semilla, como también la semilla de mostaza. Para muchas personas, la semilla parece muy pequeña, pero en realidad produce

una bendición poderosa en nuestras vidas. Nuestra experiencia de vida, igual que la semilla de mostaza, influye en todo el campo y esparce muchas simientes buenas en las vidas de otros con quienes nos relacionamos.

Como la levadura, la bendición de Dios sobre nosotros eleva nuestra fe a nuevas alturas, proporcionando una deliciosa bendición, tanto a nosotros como a muchos otros que nos rodean. Aunque el crecimiento espiritual nos puede parecer un misterio, sus efectos pueden ser vistos y saboreados por quienes se ponen en contacto con nosotros.

El viaje del discipulado con Jesús continúa en nuestra vida diaria, llevándonos a una mayor comprensión de la Biblia. Allí se encuentran perlas incomparables de gran precio, preciosas para nosotros. Al principio tuvimos que comprar un campo en el cual estaba enterrado un tesoro. Para eso tuvimos que vender muchas cosas, dejar atrás lo que en un tiempo consideramos valioso. Pero ahora que el cofre de tesoros está abierto, cada día llegamos a identificar nuevas perlas que son irresistiblemente valiosas en nuestras vidas.

Con esta experiencia increíble de tener a Jesús en nuestro corazón, nos resulta imposible guardarnos estas buenas nuevas del Evangelio. ¡Ahora nos sentimos más dispuestos a decirle a otra persona las grandes cosas que Dios ha hecho por nosotros!

El reino de los cielos comienza con un encuentro personal con Jesús. ¿Has experimentado la buena semilla? ¿Hay un tesoro por encontrar que bendecirá tu vida? Hay un lugar al cual tú perteneces, donde puedes tener la ciudadanía. Jesús no sólo perdona nuestros muchos pecados, sino que también nos llama a entrar en una nueva vida. En un mundo lleno de rechazo y dolor, Jesús te ama, te acepta, y te invita a ser parte de su reino.

¿Has experimentado la señal de su reino en tu vida? Éste es tu día.

LA SEÑAL DE SU PUEBLO

"Por lo cual, este es el pacto que haré con la casa de Israel después de aquellos días, dice el Señor: pondré mis leyes en la mente de ellos, y sobre su corazón las escribiré; y seré a ellos por Dios, y ellos me serán a mí por pueblo" (Hebreos 8:10).

En muchas sociedades la gente confirma sus pactos y acuerdos poniéndolos por escrito. Por ejemplo, si alguien compra una casa, la transacción será registrada por escrito. La mayoría de estos documentos —llamados contratos, escrituras fiduciarias o *memorándums* de mutuo acuerdo— demuestran que consideramos nuestros acuerdos con seriedad y con un sentido de obligación.

Pero el papel no es el único lugar donde se confirman las relaciones entre personas. No importa adónde vayas, ya sea a un pueblo pequeño o a una ciudad grande, la gente siempre escribe en los lugares públicos. Esos escritos se llaman graffiti. En cualquier lugar del mundo podemos ver graffiti de todo tipo. Lo encontramos en las paredes del baño de la gasolinera local, y en los puentes de las autopistas. ¡Aun los árboles lucen corazones tallados con los nombres de parejas enamoradas! En muchos lugares, los graffiti hasta han llegado a ser conocidos como una "forma de arte". Los gobiernos informan que cada año estas escrituras producen millones de dólares de daño a la propiedad pública y privada.

Ya sea que nos guste o no, el graffiti ha sido una parte de la existencia humana a lo largo de la historia. Durante miles de

años, la gente ha escrito en árboles, en rocas, en cuevas, en paredes de palacios y en edificios públicos. Sencillamente no pensamos en esos escritos como graffiti, porque los escritores eran personas importantes de renombre, o que desempeñaban cargos de liderazgo en la sociedad. Pero no importa en qué tipo de comunidad pensemos, moderna o primitiva, la gente siempre escribió y escribirá en lugares públicos.

Los estudios muestran que un graffiti en una pared tiene siempre un propósito definido. Cuando la gente escribe en paredes, generalmente está comunicando algo respecto de las relaciones con otras personas. Así como hoy usamos los documentos escritos formales para confirmar nuestros compromisos, las paredes de nuestras comunidades sirven también para comunicar el tipo de relaciones entre la gente, buenas o malas.

Te puede sorprender el saber que en la Biblia, Dios fue el primero que escribió sobre algo sustancial—una piedra. Escribió con el propósito de establecer una relación con los hijos de Israel. Después de que lo sacó de Egipto, confirmó su profundo amor por su pueblo mediante un escrito hecho con su propio dedo. Según la historia, que se encuentra en los capítulos 19 y 20 del libro de Éxodo, el Señor había llamado a Moisés a que ascendiese al monte Sinaí. Israel necesitaba una identificación más personal con su Dios, el Dios del cielo, de modo que el Creador puso por escrito la señal de su relación con su pueblo. No usó un lápiz, ni un trozo de tiza, ni un pincel. Dios quería que quedara muy claro el hecho de que él mismo nos estaba invitando a tener esta relación con él. Moisés observó asombrado, mientras el Señor escribía con su mano poderosa los términos de su compromiso con su pueblo. Ese día, el Creador escribió con su propio dedo los Diez Mandamientos sobre dos piedras cortadas de la montaña.

Moisés notó que los primeros cuatro mandamientos trataban del profundo vínculo del amor y del compromiso que podemos tener con el único Dios verdadero. No tener otros dioses

delante de él, no inclinarse ante estatuas ni honrarlas, no tomar su Nombre en vano, y compartir el gozo de su santo sábado, ¡son verdaderas definiciones de lo que significa enamorarse de él!

En los últimos seis mandamientos, Moisés leyó que amar a nuestros padres, no matar a otros seres humanos, no ser infiel a nuestro cónyuge, no robar, no levantar falso testimonio y no desear las cosas que le pertenecen a otra persona, ¡son también un cuadro maravilloso de lo que significa amar verdaderamente a otros seres humanos creados a la misma imagen de Dios!

No prohibiciones, sino vivencias gozosas

Los Diez Mandamientos no son una lista de prohibiciones que nos sujetan con sentimientos de culpa. Al contrario, son un conjunto extraordinario de experiencias gozosas que definen la relación con el Creador y con otras personas. Esto era tan importante para Dios, que lo puso por escrito. El Señor le dijo a Moisés que estos mandamientos eran una señal para que sus seguidores supieran que él es su Dios, y ellos son su pueblo (véase Éxodo 20:2, Éxodo 31:13 y Deuteronomio 7:9).

Examina los Diez Mandamientos y verás por ti mismo que son puntos muy lógicos de compromiso que establecen un contrato entre Dios y sus hijos. Aquí vemos al Creador escribiendo con su dedo. ¿Y de qué se trataba la escritura? Precisamente, de nuestra relación con nuestro Padre celestial y con nuestro prójimo.

El capítulo 5 de Daniel narra la historia del rey Belsasar, nieto del rey Nabucodonosor de Babilonia, quien blasfemó contra Dios en una orgía. Durante la fiesta, cuando las cosas habían ido demasiado lejos, repentinamente apareció una mano misteriosa escribiendo en la pared del palacio. Se detuvo la música. La multitud de borrachos de golpe se volvió sobria. Todos sintieron temor porque la escritura se veía claramente, pero nadie podía leerla. Todos los invitados a la fiesta presentían que Dios había sido el autor de esa escritura misteriosa. Cayó una sombra sobre

todos mientras el rey gritaba con pánico, pidiendo que alguien interpretara aquellas palabras desconocidas.

Fue traído el profeta Daniel, y cuando él leyó la escritura en la pared, se puso muy triste. Daniel le dijo al rey que Dios había tratado de alcanzarlo con su misericordia, pero que el rey se había resistido en forma obstinada. Como Dios no impondría su voluntad sobre el rey, ahora dejaría que Belsasar enfrentara las consecuencias de sus malas decisiones. Perdería su reino a manos de otro imperio.

Esa misma noche, cuando los ejércitos de los medos y persas invadieron la ciudad de Babilonia, el rey Belsasar fue muerto. El Señor no lo mató. El rey se había apartado de Dios, colocándose lejos de la relación que trae bendición y vida. Una vez más Dios escribió en una pared. ¿Y de qué se trataba la escritura? ¡Precisamente, de una relación personal!

Mientras Jesús guiaba a sus discípulos a través de una experiencia diaria de compasión por los enfermos, de expulsar demonios, de proveer para los hambrientos y de consolar a los afligidos, su predicación cobraba un nuevo significado. Jesús no vino solamente para enseñar la verdad: él demostró una fe viviente mediante una relación dinámica con Dios y con la gente. Cierto día, cuando le hicieron algunas preguntas, Jesús hizo un esfuerzo especial para aclararle nuevamente a un grupo de dirigentes el sentido de los Diez Mandamientos. He aquí sus palabras: "Amarás al Señor tu Dios con todo tu corazón, y con toda tu alma, y con toda tu mente (los primeros cuatro mandamientos)". Y luego agregó: "Amarás a tu prójimo como a ti mismo (los últimos seis mandamientos)" (S. Marcos 12: 30-31).

San Juan, capítulo 8, narra un incidente dramático que ocurrió cierto día cuando Jesús estaba enseñando en las gradas del templo de Jerusalén. Repentinamente, una mujer que había sido sorprendida en el mismo acto de prostitución fue arrojada violentamente a los pies de Jesús. ¡Imagínate que alguien trajera a una prostituta y la

arrojara a los pies del pastor de tu iglesia durante el sermón! Todos los que presenciaron el espectáculo se sintieron escandalizados. ¡Nadie podía imaginarse una situación más insultante que aquella.

La sociedad de hoy es muy similar a la de la época de Jesús. Muchas personas todavía tienden a pensar que son mejores que otros pecadores. Consecuentemente, cuando un pecador público es traído ante algunas personas, no hay paciencia ni misericordia para con él. En ese día, el Maestro frustró las expectativas de la gente, demostrando la señal del Salvador —el perdón— y la señal de su reino —pertenecer a su familia. Luego invitó a la mujer a una relación más profunda, según se experimenta en los Diez Mandamientos.

¿La mitad de los Mandamientos?

En la actualidad, muchas personas parecen enfatizar sólo la observancia de los primeros cuatro mandamientos, que expresan el compromiso con Dios. Subrayar sólo los primeros cuatro mandamientos es concentrarse únicamente en las cosas de arriba, que tienen que ver con nuestro Dios. Pero si sólo miramos hacia el cielo, podemos perder de vista al ser humano creado a la imagen de Dios. Esto quizás podría ayudarnos a entender por qué algunas personas parecen ser tan duras con otras, como si los hombres fuesen prescindibles y no importantes para Dios.

De la misma forma, hay otros que tienden a creer sólo en la observancia de los últimos seis mandamientos. Estas personas tienden a recalcar el amor y el compromiso con la gente, y no tienen una comprensión significativa del gozo de la lealtad al Dios de los cielos. Esto quizá nos ayude a entender por qué muchos pierden las delicias de la gracia de Dios, hasta el punto de que se vuelven descuidados en los hábitos de su relación personal con Dios.

Los dirigentes religiosos del templo de Jerusalén fueron los que arrojaron a la prostituta a los pies de Jesús. Estos sacerdotes demandaron que Jesús pronunciara juicio sobre la suerte de la

mujer de acuerdo con la ley de Moisés. Todos los presentes esperaban que Jesús citara la tradición y una interpretación estrecha de la ley para resolver la situación. Pero, para consternación de todos, Jesús se agachó y simplemente comenzó a escribir en la arena con su dedo.

Nadie sabe con seguridad qué estaba escribiendo. Al principio, los sacerdotes se sintieron irritados porque Jesús no ofrecía ninguna respuesta a su pregunta. Cuando volvieron a presionarlo, el Maestro se puso de pie y dijo: "El que de vosotros esté sin pecado, sea el primero en arrojar la piedra contra ella" (S. Juan 8:7). Jesús reanudó su escritura en la arena, y el mensaje tuvo un impacto fuerte en los acusadores de la mujer condenada, que se hallaba junto a él. Uno por uno se alejaron.

Cuando Jesús finalmente se puso de pie y miró a su alrededor, los dirigentes se habían ido. Luego, le dijo a la mujer: "¿Dónde están los que te acusaban? ¿Ninguno te condenó?" En frente del gentío, la mujer contestó, llena de vergüenza: "Ninguno, Señor". Jesús miró a la adúltera, que había sido sorprendida en el mismo acto de pecado, y le dijo: "Ni yo te condeno; vete, y no peques más" (vers. 10,11).

En mi imaginación puedo ver los rostros de las personas que presenciaron todo este despliegue de amor y misericordia de Jesús hacia un pecador. La mayoría de las sociedades creen en el castigo duro para los pecadores. Jesús demostró nuevamente que cuando él llama al arrepentimiento, no llama a justos, sino a pecadores. Nuevamente vemos un dedo divino escribiendo en un lugar público. ¿Y de qué se trataba la escritura? ¡Precisamente, de una relación personal!

En Hebreos 8:10, se describe el lugar más importante donde el Señor desea escribir su mensaje de vida. En este versículo, el apóstol está citando las palabras del mismo Dios, tomadas del Antiguo Testamento. Dios muestra que la memorización de los Diez Mandamientos no es suficiente. Con pasión, dice: "Por lo

cual, este es el pacto que haré con la casa de Israel después de aquellos días, dice el Señor: Pondré mis leyes en la mente de ellos, y sobre su corazón las escribiré; y seré a ellos por Dios, y ellos me serán a mí por pueblo".

¡Ahora Jesús quiere escribir en nuestros corazones!

¿Te acuerdas cuando te enamoraste? Estabas dispuesto a dar tu corazón a otra persona. Cuando la vivencia compromete el corazón, comprendemos que es más que una simple relación. Es un vínculo de amor, una relación tan profunda que no puede explicarse con meras palabras humanas. El amor, a nivel del corazón, se lo entiende mejor a través de la experiencia personal.

El dedo de Dios ha escrito en muchos lugares: en cumbres de montañas, en palacios y en las gradas del templo de Jerusalén. Él siempre ha escrito para expresar su anhelo profundo de tener una relación salvadora con su pueblo. Ésta es la esencia del discipulado. ¡Somos llamados a ser sus hijos y él quiere ser nuestro Dios!

A lo largo de su ministerio, Jesús demostró continuamente vivir una experiencia plena de los Diez Mandamientos. Nunca sugirió que de algún modo los mandamientos de Dios fueron cambiados o disminuidos en sus demandas. Al contrario, Jesús vivió de tal modo que se constituyó en el único ejemplo de una vida plenamente consagrada a Dios y a la humanidad, creada a su imagen.

Hacemos bien en tener las leyes de Dios en nuestra mente, pero no experimentamos un gozo cabal hasta que los Diez Mandamientos llegan a ser la verdadera experiencia de amor en nuestras vidas. De ser sólo una lista de reglas, los Diez Mandamientos se convierten en una relación dinámica y personal con Jesús y con el prójimo, aquellos a quienes él nos ha llamado a ministrar. Él nos ha dado una señal para confirmar que somos su pueblo. Hoy, muchos necesitan esta señal en sus vidas.

¿Has visto la señal del pueblo de Dios en tu vida? ¡Éste es tu momento!

LA SEÑAL DE SU MISERICORDIA

"Entonces respondieron algunos de los escribas y de los fariseos, diciendo: Maestro, deseamos ver de ti señal. Él respondió y les dijo: La generación mala y adúltera demanda señal; pero señal no le será dada, sino la señal del profeta Jonás" (S. Mateo 12: 38, 39).

El día transcurrió junto a las márgenes del Mar de Galilea. Durante la mañana, Jesús había sanado de sus enfermedades a centenares de personas, y por la tarde había predicado durante varias horas. Cualquiera pensaría que al fin del sermón Jesús estaría listo para irse a su casa a descansar, pero la multitud todavía lo necesitaba. Jesús les dijo a sus discípulos que la gente necesitaba comer. Pero los discípulos sabían que eso era imposible, porque no había suficiente comida para distribuir entre 5.000 hombres, además de sus esposas y los niños. Con casi 20.000 personas cansadas y hambrientas en la ladera del cerro, los discípulos probablemente sintieron pánico al pensar en un tumulto, si alguna mala noticia violentara al gentío.

Cuando se encontró a un niño que tenía una canasta que su madre había preparado, con cinco panes y dos pececillos, Jesús dio instrucciones para que todos se sentasen en grupos de 50 o de 100. Después de bendecir el alimento, procedió a partir los panes y los peces, y los discípulos distribuyeron la comida entre la gente. Todos comieron una cena completa esa tarde, ¡y quedó suficiente alimento como para llevar a la familia y a los amigos! (véase S. Lucas 9:10-17).

Más tarde, Jesús se dio cuenta de lo que la gente que lo rodeaba estaba hablando. "Y apiñándose las multitudes, comenzó a decir: esta generación es mala; demanda señal, pero señal no se será dada, sino la señal de Jonás. Porque así como Jonás fue señal a los ninivitas, también lo será el Hijo del Hombre a esta generación" (S. Lucas 11:29 y 30).

Esta multitud había pasado bastante tiempo con Jesús. Vieron —o por lo menos habían escuchado— lo que hizo al sanar incontables enfermos. Lo habían escuchado predicar acerca del reino de su Padre. Lo vieron alimentar a miles de personas, valiéndose de la canastita de alimentos de un niño. Habiendo visto y escuchado todo eso, ¿cómo podían seguir pidiendo señal?

En varias ocasiones Jesús les dijo a sus discípulos que muchos "viendo, no ven, y oyendo, no oyen" (S. Mateo 13: 13). ¿Es posible oír a Jesús hablar y verlo realizar milagros sin entender nunca la enormidad de lo que hizo? A causa de que los sacerdotes estaban esperando a un Mesías militar, no podían percibir al Mesías divino que estaba entre ellos. Vez tras vez en los evangelios, Jesús no se amolda al punto de vista humano de la salvación. En cambio, nos llama a seguirlo y nos transforma a *su* imagen.

La fuerte respuesta de Jesús al pedido de los sacerdotes llega como una expresión de profunda tristeza. Jesús probablemente habló con ojos empañados por las lágrimas, mientras les informaba a los líderes de Jerusalén que a esta "generación mala y adúltera… señal no le será dada, sino la señal del profeta Jonás" (S. Mateo 11: 29).

Una misión de misericoridia

La historia de Jonás era bien conocida en Israel. Muchas personas sabían del llamado que aquel profeta recibió para que fuera a Nínive y advirtiera a sus habitantes de las consecuencias del pecado que caerían sobre la ciudad. Los pecados de Nínive habían llegado a una depravación tan extrema que la única solución era que Dios

destruyera la ciudad. Pero el Señor, en su amor, buscaba salvar al pueblo de Nínive. Envió a Jonás en una misión de misericordia.

Al principio, Jonás temía por su misión y huyó en la dirección opuesta a Nínive. Subió a un barco rumbo a Tarso. Mientras estaba en el mar, una violenta tormenta amenazó con hundir el barco, y todos a bordo sabían que esa noche perecerían. Jonás comprendió que la bendición de Dios no estaba con él. Cuando huimos de Dios, no es Dios quien retira su bendición. Más bien somos nosotros los que decidimos darle nuestra espalda a la bendición de Dios.

Jonás pidió ser tirado por la borda, prometiendo que si los marineros hacían esto, terminaría la tormenta. Cuando la tripulación lo lanzó al mar embravecido, inmediatamente la tormenta se calmó y las aguas se tranquilizaron. Un pez gigantesco, que en ese momento nadaba cerca, quebró repentinamente la superficie con un chapoteo feroz, y tragó a Jonás. Luego desapareció rápida y silenciosamente en las profundidades. Durante los siguientes tres horribles días, Jonás estuvo en el vientre de ese pez, y finalmente fue vomitado en la playa.

Piensa por un momento en lo que esta historia significó para la cultura del pueblo de Israel. Es un ejemplo de la misericordia y del amor de Dios por sus hijos. Como en el relato de lo que sobrevino a los habitantes de Sodoma y Gomorra, Dios dio el paso sin precedentes de buscar a su pueblo. Mediante Abraham y Lot, Dios le rogó a la población de esas dos grandes ciudades que eligiesen la vida, antes que la senda de la destrucción por la que estaban transitando. Muchas personas no entienden que los relatos de Sodoma , Gomorra y Nínive son historias de la misericordia de Dios, ¡de un Dios que hace la segunda milla para advertir y salvar a su pueblo!

En nuestro mundo vemos muchos desastres naturales. A lo largo de los años he pasado personalmente por terremotos, inundaciones, huracanes, incendios en la montaña, tornados, tormentas de granizo, tormentas de viento, tormentas de nieve, sequías y

otros desastres naturales. Estos desastres destruyen miles de vidas cada año. Sin embargo, gracias a la ciencia, algunos de estos fenómenos calamitosos pueden ser previstos. Gracias a estos progresos científicos, los gobiernos locales pueden ahora emitir "advertencias", de modo que los ciudadanos puedan prepararse para el desastre natural. Las advertencias hechas a tiempo salvan la vida de incontables personas. ¡Gracias a Dios por las advertencias!

Una advertencia de Dios es algo maravilloso. Cuando el Señor se comunica con su pueblo y nos advierte de las consecuencias fatales del pecado que remolinea a nuestro alrededor, sólo podemos estar agradecidos por esa clase de amor. Cuando Dios emite advertencias, no tienen el propósito de hacer que lo veamos como un Ser severo. En cambio, tenemos la oportunidad de mirar más profundamente a los ojos de nuestro amante Salvador, quien, en una forma oportuna, nos dice qué es lo que viene para que nadie pueda decir: "¡No sabía!"

Cuando Jonás predicó en Nínive, ocurrió un milagro. Ese mismo milagro no sucedió en Sodoma y Gomorra. Cuando sus habitantes fueron advertidos del desastre inminente que caería sobre sus ciudades, hicieron caso omiso al llamado al arrepentimiento. Nunca vieron la necesidad de apartarse de sus malos caminos y de mirar hacia el cielo. La muerte es el resultado natural de elegir el pecado tan obstinadamente que la vida ya no tiene importancia.

Pero Nínive fue diferente de Sodoma y Gomorra. Al terminar el primer sermón de Jonás, la gente se arrepintió de sus pecados y se volvió al Señor, desde el rey, hasta el menor de ellos. Tan grande fue la respuesta de los habitantes de Nínive, que hubo un verdadero reavivamiento. Una de las bendiciones del discipulado con Jesús es que el verdadero arrepentimiento siempre conduce a la reforma. Cuando llegamos a comprender personalmente cuánto nos separa el pecado de nuestro Salvador, y experimentamos el verdadero perdón, no sólo se reaviva nuestra fe, sino que

también estamos en el camino de una reforma. ¡Dios transforma nuestras vidas en forma literal!

Durante siglos, Israel supo que cuando los habitantes de Nínive se arrepintieron de sus pecados, lo que hizo que la ciudad se salvara, Jonás se enojó. El profeta hubiera preferido ver la destrucción de Nínive antes que la salvación de la gente. Jonás había pensado que su llamado era condenar la ciudad. Pero Dios le demostró que el motivo de su llamamiento eran la misericordia y la salvación. El profeta había ido para advertir a la ciudad y para llamar a sus habitantes al arrepentimiento.

Un sermón que asusta

Tristemente, muchas personas hoy parecen pensar que Dios nos ha llamado a condenar al mundo. Un sermón muy popular en los años 1800 se titulaba *Sinners in The Hands of an Angry God* (Pecadores en las manos de un Dios airado). Este sermón detallaba la agonía brutal que supuestamente sufrirá la mayoría de la humanidad cuando Dios descargue su retribución sobre la tierra. Describía las llamas de fuego y la tortura que sufrirían los pecadores al sentir eternamente el dolor físico en el infierno. Se dice que el sermón tuvo un efecto enorme en la gente de los Estados Unidos, porque los lectores fueron alarmados, aterrorizados y "conducidos a la iglesia".

Al igual que Jonás, a algunos realmente les gustaría ver la muerte de millones de personas como castigo por el pecado en la tierra. Esta idea de la retribución por el pecado todavía está en la mente de los que no comprenden el significado del verdadero discipulado. Mientras Dios odia el pecado --nunca lo olvides-- ¡ama al pecador! Comunicar la advertencia de Dios a otros hoy es en realidad sentir el gozo de ofrecer la misericordia de un Salvador a un mundo moribundo.

Mientras Jesús observaba los ojos incrédulos de los que pedían otro milagro, procuraba dejarles claro que el arrepentimiento

conduce al perdón, lo que coloca a cada persona que responde al llamado en la senda de la salvación. Uno de los mayores obstáculos a que la gente entendiera el significado del pecado y de la salvación era que los dirigentes religiosos de Israel habían llegado a categorizar el pecado. Sus propios pecados, los pecados terriblemente destructivos del orgullo, el juzgar a otros y la justicia propia, los consideraban inofensivos y de alguna manera apropiados. Pero otros pecados, los pecados del hombre y la mujer comunes eran clasificados como una abominación.

Jesús fue inequívoco al sostener que todo pecado nos separa de Dios. Al recordar a Jonás y su llamado a ministrar a los habitantes de Nínive, el Salvador colocó en su verdadero contexto su misión de salvar a la humanidad. Nuevamente, con ese relato, enseñó que no vino a llamar a justos sino a pecadores al arrepentimiento.

Jesús incluso fue hasta el punto de decirles a los dirigentes influyentes que como Jonás estuvo en el vientre del pez durante tres días, también él estaría en el corazón de la tierra por tres días (S. Mateo 12:40). Así como Jonás salió del pez después de tres días, lo que condujo a la salvación de Nínive, ¡de la misma manera Jesús saldría de la tumba después de tres días, lo que condujo a la salvación de la humanidad!

Las advertencias de Jesús son una gran bendición. Tú y yo podemos prepararnos para las tormentas espirituales que se avecinan. Nadie necesita ser sorprendido ni estar desprevenido, inconsciente del futuro. Un verdadero discípulo camina con un gran sentido de perdón, de pertenencia, con la certeza de tener la personalidad de Jesús. Así como en la vida diaria hay advertencias de peligros físicos inminentes, también hay advertencias de peligros espirituales.

En el capítulo 14 del libro del Apocalipsis, el Señor habla de tres ángeles proféticos que anuncian advertencias específicas. Estos ángeles predicen qué ocurrirá antes de que Jesús regrese a esta tierra. Imagínese a Jonás, de pie en la esquina de una calle de Nínive, mientras la gente de la ciudad se reúne para oír lo que

él tiene que decir. Del mismo modo, Dios anuncia otra advertencia para nuestra época.

El primer ángel nos llama a honrar a Dios, darle gloria, y adorarlo, porque ha llegado la hora de su juicio. El segundo ángel dice que Babilonia, que representa a los muchos movimientos espirituales falsos de hoy día, ha caído, porque muchos han sido engañados con sus enseñanzas. El tercer ángel dice que cualquiera que recibe la marca de la bestia en su mano (lo que tú haces) y en su frente (lo que tú crees) ha elegido vivir según otros valores en vez de caminar en el verdadero discipulado que conduce a la honra de Dios y a darle gloria en nuestras vidas.

En la actualidad, hay movimientos religiosos por todo el mundo. Dios predijo que muchos movimientos falsos surgirían en los últimos días. Estos movimientos son identificables porque no exhiben las señales que se verán en las vidas de los discípulos de Cristo.

Uno de los problemas clave yace en el hecho de que a lo largo de la historia de la tierra, la combinación deliberada de Iglesia y Estado en cualquier país siempre ha tendido a llevar a la intolerancia política y religiosa. La historia registra edades muy oscuras, cuando los dirigentes religiosos decidían qué podían hacer o no los dirigentes políticos. Muchos de estos movimientos religiosos creen realmente en la guerra para alcanzar sus fines proselitistas, para obligar a la gente a que se conduzca dentro de ciertas formas y pautas religiosas. Otros movimientos religiosos creen que la moral debe ser legislada, para estabilizar a la sociedad según el criterio de ellos, y piensan que la gente debe amoldarse, mediante la ley, a puntos de vista rigurosos y estrechos respecto a Dios. Estos movimientos, cuidadosamente organizados, piensan que las personas deben ser obligadas a creer y a vivir aun de modo contrario a sus propias convicciones.

Otro factor en este conflicto religioso creciente se ve en lo que estos movimientos religiosos tienen en común, un alejamiento deliberado de los Diez Mandamientos. Mientras la

mayoría afirma que se adhieren a esta señal del pueblo de Dios, no aceptan toda la ley de Dios. Por ejemplo, a lo largo de los años se ha vuelto algo común no respetar el día de reposo de Dios. En cambio, se adora en otros días.

Esto puede parecer un pequeño punto de discusión… hasta que revisamos la Biblia y encontramos que tanto el Antiguo Testamento como el Nuevo Testamento afirman que, consistentemente, Dios ha reunido a su pueblo en sábado para comulgar con él. Jesús indicó las señales que habrán en el cielo y en la tierra que nos advertirían de que "el tiempo es corto" (véase S. Mateo 24, S. Marcos 13 y S. Lucas 21). Esto es una señal de la gran misericordia de Dios. Jesús nos llama a "velar y orar" respecto a estas advertencias. ¡Podemos mirar a los cielos con gozo solemne mientras Dios demuestra que su venida está cerca!

La muerte y ¡la salvación!

La paga del pecado es la muerte. Los profetas hablaron de esta verdad a lo largo de los tiempos del Antiguo Testamento. Jesús enfatizó en forma adicional esta realidad en su ministerio con sus discípulos, registrado en el Nuevo Testamento. Los apóstoles escribieron extensamente sobre los resultados de una vida alejada de Dios. Muy pronto, cuando Jesús venga en gloria en las nubes de los cielos, pondrá término al problema del pecado. El diablo y sus seguidores pronto encontrarán su fin y el pecado no será más.

Crecí pensando en estas cosas con temor y temblor. ¡Pero ahora siento una emoción maravillosa gracias a que soy discípulo de Aquel que es mi salvación! Ahora podemos entender mejor por qué Jesús, en su amor y misericordia, nos ha advertido acerca de los eventos venideros. Recuerda que las tormentas son más devastadoras para los que ignoran las advertencias. Aquellos que responden a las advertencias no experimentan lo peor de la tormenta. Basta recordar a Katrina en Nueva Orleáns para saber cuán devastadoras son las consecuencias de no emitir las

advertencias a tiempo o no prestarles atención. No importa cuál sea la advertencia, los que responden son bendecidos, y los que la ignoran terminan sufriendo por sus malas decisiones.

En 1969, durante la devastación del huracán Camila, en el Estado de Mississippi, muchas personas no tomaron en serio las advertencias de la tormenta. Uno de los ejemplos más impresionantes de una elección pasmosamente equivocada fue noticia en los medios de prensa después que la tormenta se calmó. Un grupo de jóvenes, haciendo caso omiso a las advertencias del huracán inminente, realizó una "fiesta del huracán" en una casa grande junto a la playa, en el corazón de la zona amenazada. Al día siguiente, sólo se encontró el cimiento de cemento en el lugar donde había estado la casa. Olas de ocho metros de altura aplastaron ferozmente la edificación, arrastrando los escombros y a todos los que habían estado en ella. Todos los jóvenes que estaban de "fiesta" en esa casa murieron esa noche terrible.

Cuando Jesús exclamó "¡consumado es!" desde la cruz, realmente quiso decir lo que dijo (S. Juan 19:30). El diablo sabe que está por llegar su tiempo y no podemos esperar que él vaya tranquilamente a su encuentro con la muerte. Quiere llevar consigo a cuantos pueda. Pero Jesús pagó completamente el precio por nuestros pecados y planea llevarnos al hogar celestial. Podemos escoger la vida. A través de estas advertencias podemos confirmar que en Jesús tenemos vida eterna.

Los capítulos finales de la historia de la tierra están ante nosotros. Dios está haciendo preparativos ahora para introducir su reino. El signo de su misericordia es un llamamiento maravilloso para que le respondamos, así como lo hicieron los habitantes de Nínive mucho tiempo atrás. Un reavivamiento y una reforma condujeron a bendiciones masivas para el pueblo de Nínive. Un reavivamiento y una reforma en nuestras vidas hoy tendrán el mismo efecto.

¿Has visto en tu vida la señal de la misericordia divina? Ésta es tu oportunidad para responder.

LA SEÑAL DE SU FIDELIDAD

"Las misericordias de Jehová cantaré perpetuamente; de generación en generación haré notoria tu fidelidad con mi boca" (Salmo 89:1).

Vivimos en un mundo donde la fidelidad está tan devaluada, que pareciera que la traición se valora más. Durante mis años juveniles, nunca me detuve suficientemente a pensar cuán fiel el Señor es en verdad con nosotros. El diccionario define la fidelidad como la cualidad de ser leal y devoto a una persona o a una causa. Hay muchas personas que no pueden ser fieles ni al cónyuge, ni a los amigos, ni a su empleo, y por supuesto, tampoco al Dios del cielo. Algunos estudios sociológicos sugieren que en el comienzo del nuevo siglo, la fidelidad parece una virtud pasada de moda, fuera de la corriente del pensamiento común.

Pero no es así con nuestro Dios. Él es fiel. ¡Su máxima demostración de fidelidad la encontramos en su devoción a la humanidad, a quien creó a imagen y semejanza suya! Nos anonada comprender que Dios es tan fielmente devoto a nosotros que envió a su único Hijo para salvarnos.

El libro de Daniel registra un ejemplo dramático de la fidelidad de Dios para llegar al corazón de un hombre. La historia ocurre en los primeros cuatro capítulos. En este relato, el gran rey Nabucodonosor del Imperio Babilónico había conquistado a Israel, destruyendo todo y a casi todos los que estaban en el camino de su ejército. Él había dado instrucciones de que debían

traerse a Babilonia jóvenes de buen aspecto y de linaje real, para servir al rey como eunucos en el palacio.

Estos jóvenes recibirían la mejor educación disponible en el Medio Oriente de aquel entonces. Recibirían el mejor trato y aun comerían la misma comida que se le servía al rey. La idea era que si los jóvenes tenían lo mejor de todo, se convertirían en excelentes consejeros del rey, quien podría contar con ellos para ayudar a dirigir los muchos países que había conquistado.

En el primer capítulo, Dios trató de llegar a Nabucodonosor mediante un mensaje de salud, de cómo conservar el cuerpo sano. Cuando cuatro de los jóvenes fueron traídos al palacio después de la caída de Israel, notaron que el alimento que el rey comía era espantoso. Parece que los hábitos alimentarios del rey eran tan perjudiciales, que más que alargar la vida, la acortaban.

¡Daniel, Sadrac, Mesac y Abed-nego se negaban a comer esas cosas que se movían en el plato aún después de servidas! El jefe de los eunucos les dijo a los jóvenes que debían comer la comida que se les daba, porque si los cautivos se debilitaban, el rey lo castigaría con la muerte. Pero los jóvenes le propusieron a Melsar, el guardia asignado por el rey, que durante diez días les permitiese comer el alimento que ellos proponían. Después de ese tiempo, Melsar podría tomar una decisión sobre su alimentación futura. Daniel y sus amigos pidieron legumbres, nueces, fruta y agua. Aunque Melsar tenía grandes dudas acerca de esa idea, les permitió a los jóvenes hacer la prueba durante diez días.

Se nos dice que al fin de los diez días, Daniel y sus tres amigos tenían mejor aspecto en comparación con los otros jóvenes del palacio. Después de sólo diez días, sus pensamientos eran más claros y agudos, y además exhibían mayor energía en sus acciones. Melsar, comprendiendo que esta dieta era verdaderamente beneficiosa para una buena salud, permitió que los jóvenes israelitas continuaran comiendo sus alimentos sencillos.

Como resultado, Daniel y sus tres amigos crecieron tanto física, emocional como espiritualmente en los años subsiguientes.

Cuando algún tiempo más tarde completaron los estudios universitarios, se hizo un anuncio asombroso respecto a los cuatro eunucos israelitas del palacio. ¡Los registros académicos mostraban que Daniel, Sadrac, Mesac y Abed-nego sacaron notas diez veces mejores que los demás estudiantes de la universidad! Los profesores informaron que estos jóvenes demostraron mayor sabiduría y discernimiento que los demás alumnos. Debemos recordar que Babilonia fue el origen de muchos avances del conocimiento de los cuales todavía hoy nos beneficiamos, en el área de las matemáticas, de la astronomía, de la física y de otras disciplinas del saber. ¿Podría ser que Daniel y sus tres amigos tuvieran algo que ver con algunos de estos dramáticos progresos en la historia del mundo?

Nabucodonosor comprendió que Dios había bendecido a estos jóvenes porque fueron fieles a los principios de la salud. El rey sabía que esta misma dieta sería un gran beneficio para todos sus súbditos, pero no se comprometió a adoptarla. En cambio, nombró a estos cuatro jóvenes para que se integraran a su concilio de consejeros, considerando que exhibían claramente más sabiduría que cualquiera de ellos. Dios trató de llegar a la conciencia del rey, pero él no respondió con un corazón receptivo.

Una pesadilla enviada por Dios

En el capítulo dos del libro de Daniel, se relata que el rey tuvo una pesadilla horrorosa y llamó a todos sus consejeros, músicos, caldeos, adivinos y magos para recibir consejo y ayuda frente a un terrible dilema: el rey sabía que había soñado algo importante, pero no recordaba ni el contenido ni el significado del sueño. Cuando pidió ayuda a sus sabios, éstos no pudieron responder. Se enfureció tanto el rey que ordenó que todos sus consejeros fuesen muertos, junto con sus familias, y que sus hogares fuesen destruidos.

Cuando se les dijo a Daniel y a sus tres amigos los graves aconte-cimientos que habían ocurrido esa mañana en el palacio, inmedia-tamente pidieron una audiencia con el rey. Dios estaba tratando nuevamente de llegar al corazón de Nabucodonosor, pero esta vez en una situación mucho más dramática.

Luego de pedirle al rey que les diera un día para consultar a Dios, los cuatro hebreos se pusieron a orar. Esa noche, Daniel reci-bió el mismo sueño, junto con su interpretación. En la mañana, Daniel compareció ante el monarca. Lo primero que le dijo fue que hay un Dios en el cielo que revela los secretos, aun aquellos del rey cuando duerme en su cama. Daniel luego le reveló al rey la visión de una estatua gigantesca que llegaba hasta los cielos. La cabeza estaba hecha de oro, los brazos y el pecho de plata, el vientre y los muslos de bronce, y las piernas de hierro. Habían unos pies muy extraños, hechos de hierro y de barro cocido. Repentinamente apareció una piedra desde el cielo, y cayó con tal fuerza que destruyó la estatua y la redujo a polvo. Luego el viento se llevó el polvo, dejando la roca para que creciera hasta que llenó toda la tierra.

Nabucodonosor estaba impresionado con la precisión con la que Daniel contó lo que él había soñado. La interpretación también era sorprendente. ¡La cabeza de oro era su reino! Pero seguiría otro reino que sería menos poderoso, como la plata es inferior al oro. Años más tarde los medos y persas ciertamente conquistaron a Ba-bilonia. Otro reino seguiría a ese imperio rápidamente. Grecia se apoderaría del mundo conocido de entonces. Después de Grecia, sin embargo, se levantaría otro reino poderoso, con la fuerza bruta del hierro y la longevidad de las largas piernas. El Imperio Romano gobernaría durante siglos, incluyendo el tiempo de Jesús.

Después de la caída de Roma habría diez reinos, así como había diez dedos en los pies de la estatua. Como el hierro y el barro no se mezclan, de la misma manera estos reinos tampoco se mezclarían. Aunque repetidamente se hablaría de paz, la gue-rra sería una realidad constante. ¡En medio de estos diez reinos

incompatibles, Dios enviaría a su Hijo nuevamente a esta tierra para poner fin a los reinos de los hombres e introducir el reino de Dios! ¡Como una roca, Dios establecerá un reino que durará para siempre!

Cuando Daniel había revelado el sueño y su interpretación, Nabucodonosor honró a Daniel, y prorrumpió en alabanzas al Dios de Daniel. Reconoció que Dios se había comunicado directamente con él. ¡Ahora sabía todo el futuro de la humanidad hasta la Segunda Venida de Cristo a esta tierra!

Dios nuevamente trató de alcanzar a Nabucodonosor, esta vez mediante la profecía, pero el rey no lo aceptó. Sí, reconoció la grandeza de Dios, como hacen muchos hoy en día, pero no hizo un compromiso de lealtad al Creador. Sin embargo, el Señor no iba a darse por vencido. Él es mucho más fiel de lo que jamás hemos imaginado.

Una ejecución fallida

En el capítulo tres del libro de Daniel, podemos ver cuán molesto se habrá sentido Nabucodonosor después de meditar en la interpretación del sueño de la estatua. El rey no iba a aceptar fácilmente que su reino algún día llegaría a su fin. Decidió construir una estatua toda de oro puro, en oposición a la de la profecía, que sólo tenía la cabeza de oro. De esta manera, el rey estaba tratando de confirmar que su reino duraría para siempre. También aprovechó la oportunidad para establecerse a sí mismo como una deidad—tal como hacían los egipcios y romanos que también veneraban a su rey como un dios. Ahora Nabucodonosor no sólo estaba fallando en no aceptar al Dios del cielo, sino que lo desafiaba directamente con una estatua de oro puro, de treinta metros de altura, en la llanura de Dura.

En un día estipulado, todos los máximos dirigentes del reino fueron reunidos en aquel lugar. Aparentemente ese día Daniel estaba fuera del país, atendiendo asuntos de Estado, porque sólo sus

tres amigos se mencionan en el drama. Imagínate una gigantesca estatua de oro con una multitudinaria congregación a sus pies. De un lado había muchos músicos, y del otro, hornos muy grandes, encendidos al máximo de su potencia. El rey anunció que al sonar la música, todos debían inclinarse delante de la estatua. Si alguien desobedeciera, sería echado al horno llameante.

Cuando sonaron las trompetas y toda la multitud se inclinó ante la estatua, los tres hebreos amigos de Daniel se mantuvieron en pie. Esto, obviamente, significaba una abierta desobediencia ante los ojos de todo el pueblo. Siendo que Nabucodonosor amaba a estos hombres, ofreció darles una nueva oportunidad, pero Sadrac, Mesac y Abed-nego reafirmaron al rey que no adorarían la estatua, y más aún, ¡si tenían que morir, morirían!

El rey se enfureció con los tres hebreos por la desafiante declaracion pública que en ese momento oyeron todos los allí reunidos. Ordenó que los hornos se calentaran siete veces más. Cuando el horno resplandecía al rojo vivo, los soldados recibieron la orden de atar a los tres cautivos y arrojarlos al fuego. Cuando llegaron a la entrada del horno, los soldados que llevaban a los tres hombres explotaron en llamas. Cayeron carbonizados ahí mismo. El rey triunfante se dirigió ahora a un auditorio muy atento y se preparó nuevamente para los servicios de adoración en la llanura. Luego, sorprendido, el general volvió ante la presencia del rey y le suplicó que mirara al interior del horno. El rey empalideció. Con gran temor dijo: "¿No echaron a tres varones atados dentro del fuego…He aquí yo veo cuatro varones sueltos…y el aspecto del cuarto es semejante a hijo de los dioses" (Daniel 3:24, 25).

Cuando somos fieles a Dios, él siempre está con nosotros. Vez tras vez a lo largo de la historia, Dios ha prometido que no nos desamparará. En el momento que Sadrac, Mesac y Abednego mas lo necesitaban, ¡el mismo Jesús vino a acompañarlos en el horno! ¿De qué habrán platicado mientras Jesús abrazaba a los tres jóvenes que habían sido tan fieles?

La historia propia de Nabucodonosor

El cuarto capítulo del libro de Daniel fue escrito por el mismo Nabucodonosor (Daniel 4:1). Este capítulo es el testimonio real de un hombre que quiere que sepamos la importancia de lo que ocurrió. En esta historia, Dios realizó su intento más audaz para llegar a Nabucodonosor: hizo que experimentara qué podría ser la vida sin su Creador.

El rey escribe que tuvo otro sueño. Llamó a su habitación a Daniel, su primer ministro. Nabucodonosor le dijo al profeta que había soñado acerca de un árbol gigantesco que llegaba hasta el cielo. El árbol ofrecía sombra a los animales y bendecía la tierra. Pero un día, se oyó una voz desde el cielo que ordenaba que se cortara el árbol y que se pusiera una banda de bronce alrededor de la cepa de sus raíces. Debían pasar siete tiempos hasta que se reconociera que es Dios quien da y quita reinos.

Daniel se entristeció profundamente y le dijo al rey que ese sueño debería haber sido para uno de sus enemigos. Con pesar, el profeta le informó al rey que Dios había estado tratando de llegar a su vida desde hacía ya mucho tiempo. Ahora le estaba informando que si él insistía en que su reino era el resultado de su propio esfuerzo, retraería sus bendiciones y permitiría que el rey experimentara cómo puede llegar a ser la vida sin Dios. El profeta declaró que éste sería un tiempo terrible que duraría siete años, hasta que Nabucodonosor comprendiera que es Dios quien da el reino a los hombres, y no a la inversa.

Exactamente un año después de haber recibido el sueño, Nabucodonosor se paró en uno de los balcones majestuosos que dominaban los jardines colgantes de Babilonia, una de las siete maravillas del mundo antiguo. En sus propias palabras, él narra que luego de exclamar: "¿No es ésta la gran Babilonia que yo edifiqué para casa real con la fuerza de mi poder, y para gloria de mi majestad?" (Daniel 4:30), oyó una voz del cielo que ordenaba que el rey fuese sacado de entre su pueblo, y que comiera pasto

como las bestias, hasta que reconociera que es Dios quien establece los reinos y los derriba. El rey escribe que en ese momento perdió completamente la razón, y tuvo que ser llevado de su palacio a un potrero, donde llegó a ser como uno de los animales.

Dios no le hizo esto a Nabucodonosor. Meramente se retrajo y permitió que el rey se diese cuenta qué reino realmente tenía cuando no contaba con la bendición divina. Durante los siete años siguientes, el poderoso rey comió pasto y vivió en el campo con los animales. Su cabello creció desmesuradamente, y sus uñas se encorvaron como las de las aves. Creemos que Daniel gobernó en su ausencia y le conservó el reino, mientras seguramente otros políticos hubieran confabulado para quedarse con todo el poder del imperio.

Ahora, en la propia escritura del rey leemos que la fidelidad de Dios es eterna y para siempre. En el capítulo 4, versículo 34, leemos: "Mas al fin del tiempo yo Nabucodonosor alcé mis ojos al cielo, y mi razón me fue devuelta; y bendije al Altísimo, y alabé y glorifiqué al que vive para siempre, cuyo dominio es sempiterno, y su reino por todas las edades". Entonces, el rey entregó su corazón y su vida a Dios, a quien había llegado a llamar "el Altísimo".

Dios fue fiel. Tocó a un hombre que pensaba jamás ser tocado por nadie. La fidelidad de Daniel, Sadrac, Mesac y Abednego, siervos de Dios, jugó un papel importante, porque fueron usados para alcanzar al rey, así como Dios alcanza a otros a través de ti y de mí. Un discípulo fiel es el testimonio más poderoso que se puede dar al mundo de la fidelidad de Dios.

Dios nunca nos pide que hagamos algo que él mismo no hace. La señal de su fidelidad ocurre cuando su fidelidad llega a ser la nuestra. En otras palabras, ¡haz que otros vean a Jesús en ti!

¿Has visto la señal de la fidelidad divina en tu vida? Permite que la fe consagrada de Dios llegue a ser tu fe consagrada. Hoy es el día.

LA SEÑAL DE SU CARÁCTER

"Entonces el Rey dirá a los de su derecha: Venid, benditos de mi Padre, heredad el reino preparado para vosotros desde la fundación del mundo. Porque tuve hambre, y me disteis de comer; tuve sed, y me disteis de beber; fui forastero, y me recogisteis; estuve desnudo, y me cubristeis; enfermo, y me visitasteis; en la cárcel, y vinisteis a mí. Entonces los justos le responderán diciendo: Señor, ¿cuándo te vimos hambriento, y te sustentamos, o sediento, y te dimos de beber? ¿Y cuándo te vimos forastero, y te recogimos, o desnudo, y te cubrimos? ¿O cuándo te vimos enfermo, o en la cárcel, y vinimos a ti? Y respondiendo el Rey, les dirá: De cierto os digo que en cuanto lo hicisteis a uno de estos mis hermanos más pequeños, a mí lo hicisteis"
(S. Mateo 25:34-40).

A menudo Jesús describió el mundo en términos de oscuridad. ¿De qué otro modo podría pintar la condición de la humanidad después de miles de años de pecado? La oscuridad es el resultado de las mentiras de Satanás contra Dios. La oscuridad intentó destruir a Jesús desde su mismo nacimiento. Herodes ordenó que todos los niños menores de dos años fuesen muertos cuando descubrió que el Mesías había nacido en Belén.

Desde el mismo comienzo de su misión en la tierra, Jesús se propuso combatir la oscuridad mediante una vida de luz. La Biblia expresa la esencia del ministerio de Jesús con estas palabras: "En él estaba la vida, y la vida era la luz de los hombres. La

luz en las tinieblas resplandece" (S. Juan 1:4, 5). Jesús confirmó esto personalmente, cuando dijo: "Yo soy la luz del mundo" (S. Juan 8:12). Nada puede ser más efectivo contra las tinieblas que colocar la luz donde necesita brillar. Y así nuestro Señor causó controversia doquiera iba, porque su luz brillaba resplandecientemente y daba esperanza a muchos, hasta el punto que decidían ser sus discípulos.

La luz de Jesús brilló de maneras que van más allá de lo que consideramos su ministerio principal. La Biblia confirma que él era un predicador muy poderoso. Hubo ocasiones en las que durante horas mantuvo atenta a una muchedumbre con sus palabras. Fue el mejor comunicador de la historia. En cierta ocasión, los soldados que fueron enviados para arrestarlo no pudieron ejecutar la orden, porque "¡jamás hombre alguno ha hablado como este hombre!" (S. Juan 7:46).

Aunque Jesús fue el predicador más poderoso que jamás vivió, no fue conocido por lo que decía. En cambio, doquiera Jesús iba era conocido por lo que hacía con sus manos. Las manos de Jesús dejaron la impresión más profunda y perdurable de su ministerio en la tierra. Sus enseñanzas eran la descripción más abarcante del reino de su Padre, pero sus manos eran el mayor ejemplo del reino en la vida cotidiana.

Se nos dice en las Escrituras que cuando Jesús viajaba de lugar en lugar, aldeas enteras salían a recibirlo, y él sanaba a todos los dolientes de sus enfermedades. A veces centenares eran sanados en un día. Otras veces Jesús proveía alimento para gran cantidad de personas hambrientas. A veces, simplemente sentaba a un niño en su regazo y lo bendecía, mientras también consolaba a viudas cuyos corazones estaban quebrantados de dolor.

Planes para silenciar a Jesús

El carácter de Cristo era una luz tan brillante que los dirigentes de Jerusalén estaban convencidos de que debían tomarse

medidas drásticas para poner freno a la influencia del Galileo y de sus discípulos. No sólo Jesús estaba haciendo grandes cosas en la vida de las personas, sino que les estaba enseñando a sus seguidores a hacer lo mismo. Los envió a los pueblos y aldeas a predicar, a enseñar y a sanar (véase S. Lucas 9:2).

Al principio, los dirigentes religiosos trataron de entrampar a Jesús con preguntas capciosas acerca del casamiento, de la ley de Dios y aun respecto de pagar impuestos al odiado César romano. Pero las respuestas sencillas que Jesús daba con humildad, valor y un espíritu de servidumbre, confundían a todo sacerdote que trataba de entramparlo. Finalmente, "nadie osó preguntarle más" (S. Mateo 22:46). Había que gestar otro plan para silenciar a Jesús.

Finalmente, llegó la oportunidad cuando murió el mejor amigo de Jesús, Lázaro de Betania. El relato aparece en el capítulo 11 de San Juan. Una mañana el Señor recibió la noticia de que su amigo estaba terriblemente enfermo, pero no acudió en su ayuda. De hecho, pasaron varios días antes de que Jesús fuera a la casa donde las hermanas de Lázaro esperaban, seguramente molestas, su visita. No sólo no había sanado a Lázaro, sino que ¡ni siquiera había aparecido para el servicio fúnebre!

Cuando Marta, la hermana de Lázaro, descubrió que Jesús estaba llegando a Betania, corrió para encontrarlo junto al camino. La confrontación de Marta con Jesús fue muy emotivo. La mujer enlutada exclamó con lágrimas ante Jesús: "Señor, si hubieses estado aquí, mi hermano no habría muerto" (vers. 21). Esto, por supuesto, era muy cierto. Cualquier persona enferma que llegaba ante el gran Sanador siempre recuperaba la salud.

Jesús inmediatamente le recordó a Marta que Lázaro viviría nuevamente en la resurrección. El corazón quebrantado de Marta se sacudió mientras nuevamente perdió el dominio propio. Su respuesta indica que ella consideraba que la resurrección estaba en el futuro demasiado lejano. Jesús respondió, declarando: "Yo

soy la resurrección y la vida; el que cree en mí, aunque esté muerto, vivirá" (vers. 25). Marta suspiró profundamente y controló sus sentimientos, recobrando el equilibrio. El Creador de la vida estaba allí en su misma presencia.

Después de encontrar a María también, y conversar con ella, Jesús preguntó: "¿Dónde le pusisteis?" (vers. 34). Entonces, estando de pie ante la tumba de su mejor amigo, Jesús miró a la gente reunida alrededor. Muchos todavía no entendían su misión de salvarlos y llamarlos a una vida de discipulado y eso le causaba dolor. Pero el hecho de mirar la tumba de su mejor amigo también resultó muy doloroso. San Juan 11:35, el versículo más corto de toda la Biblia, describe la primera reacción de Jesús ante la tumba de Lázaro. El pasaje dice: "Jesús lloró". ¡Qué sensibilidad humana la de nuestro Salvador!

Repentinamente, la multitud guardó silencio cuando el Maestro ordenó que la tumba fuera abierta. Entonces, Jesús levantó sus manos al cielo y oró a su Padre. Luego ordenó: "¡Lázaro, ven fuera!" (vers. 43). La gente se quedó boquiabierta, y un silencio absoluto envolvió el cementerio en un suspenso que el pueblo de Betánia jamás había experimentado. Súbitamente se conmovió la muchedumbre al divisar el cuerpo envuelto de Lázaro que apareció tambaleándose en la entrada de la tumba. Mientras las hermanas de Lázaro, María y Marta, corrían a la entrada de la tumba para quitar el lienzo que le cubría el rostro, poniendo a descubierto a su hermano vivo, ¡un grito de asombro espontáneo surgió de la multitud!

En Jerusalén, la noticia de la resurrección de Lázaro provocó la reacción más violenta de parte de los dirigentes que alguna vez hubo contra Jesús. Caifás, el sumo sacerdote, al oír el informe de sus espías que habían presenciado los acontecimientos en el cementerio de Betania, comenzó a tramar el asesinato de Jesús. Los informes desde Betania indicaban que tanto Jesús como Lázaro estaban caminando libremente en medio de la gente y

que todos parecían dispuestos a aceptar al Maestro como el Mesías. Los sacerdotes decidieron que tendrían que destruir no sólo a Jesús, sino también a Lázaro, la evidencia viva de su poder divino. Conociendo el Maestro las intenciones de los altos dirigentes de Israel, y como aún no había llegado el tiempo de ofrecerse en sacrificio, se retiró con sus discípulos a la ciudad de Efraín (vers. 54).

Poco tiempo después, Jesús les informó a sus discípulos que era tiempo de volver a Jerusalén para las fiestas de la Pascua. Mientras caminaban de regreso a la ciudad, Jesús tomó la oportunidad de repasar con los discípulos el hecho de que él sería arrestado y asesinado en Jerusalén, pero que resucitaría al tercer día. Los discípulos no reaccionaron ante las terribles noticias que Jesús les dio. Todavía estaban tan impactados por la resurrección de Lázaro que no registraron en sus mentes lo que Jesús les estaba diciendo.

Una oleada de apoyo público

Al llegar a Jerusalén, y antes de que el Sanedrín pudiera hacer algo para detener el gran movimiento de apoyo a Jesús, él estaba sentado en un asno, un gesto de la realeza de aquel entonces, desfilando por las calles de la ciudad. Mientras la multitud le daba la bienvenida, extendían ante él hojas de palma y sus propios mantos en el suelo, exclamando: "¡Hosanna! ¡Bendito el que viene en el nombre del Señor, el Rey de Israel!" (S. Marcos 11:9). *Hosanna* es una referencia mesiánica que significa "sálvanos" o "salvador". Se proclamaba "Hosanna", pero la gente todavía creía que se refería a aquel que vendría y liberaría a Israel de Roma. El gentío, lleno de admiración, crecía en número mientras el desfile se abría paso por la ciudad, hasta que Jesús llegó a las gradas del templo.

Nuevamente Jesús demostró que su reino no es de este mundo. No declaró ningún reino mundial, sino que puso fin a las

expectativas de la gente saliendo por las puertas de la ciudad y dirigiéndose al Monte de los Olivos. Cuando falló en materializar las ambiciones políticas de, incluso, sus propios discípulos, la gran multitud no lo siguió. Desapareció el ruidoso estrépito de las personas que lo habían escoltado a través de la ciudad. Jesús se encontró nuevamente solo con sus discípulos.

Durante el resto de la semana, los discípulos trataron de diferentes maneras de reencender la llama política que lanzara a Jesús a una posición de liderazgo en Jerusalén, pero él nunca dio ni siquiera un indicio de responder a esas sugerencias. Durante toda la semana el Señor continuó llamando a sus discípulos para que hicieran lo que él hizo en el tiempo en que habían estado juntos.

El Señor se reunió con los discípulos el jueves en la noche para celebrar la cena de la Pascua. Era algo que recordarían por el resto de sus vidas. Jesús desmanteló completamente todo lo que los discípulos estaban planeando y esperando. Fue entonces que Judas actuó para traicionarlo.

Después de cenar, momento en el cual Jesús instituyó el rito de la humildad, lavándole los pies a sus discípulos, y estableció lo que luego se convertiría en el rito de la Cena del Señor, partieron del lugar y volvieron al Monte de los Olivos (véase S. Mateo 22:17–29 y S. Juan 13:1–20). Mientras regresaban otra vez al lugar familiar del Jardín de Getsemaní, los discípulos notaron que Jesús estaba muy abatido. Mientras les pidió que oraran por él, Jesús fue un poco más lejos y oró solo. Aunque tres de los discípulos estaban cerca de donde Jesús oraba, ellos no notaron la enormidad de lo que le estaba pasando. Los pecados del mundo estaban ahora cayendo sobre él, y por primera vez en su vida Jesús sintió que estaba separado de su Padre celestial. La luz del mundo estaba siendo sofocada por la oscuridad de nuestros pecados. Nadie puede sobrevivir a una total separación de Dios. Es por esto que la paga del pecado es la muerte.

Los discípulos dormían mientras Jesús clamaba a Dios que quitara de él la terrible copa. Su Maestro los despertó y pidió que velaran con él en oración, pero ellos cayeron dormidos nuevamente. Repentinamente, todos despertaron ante la llegada violenta de tropas armadas que acompañaban a una delegación de sacerdotes. El plan de Judas estaba ahora en plena ejecución. Besó a Jesús como una señal a las tropas de cuál era el hombre al que debían arrestar. Los soldados cayeron sobre Jesús con una paliza brutal, mientras en el jardín se desataba una confusión total.

La sangre de Jesús corría profusamente por los golpes recibidos, y él no hizo absolutamente ningún esfuerzo para resistir a los que lo estaban asaltando. Los discípulos comprendieron horrorizados que Jesús no iba a salvarse y que, ahora, aun sus propias vidas estaban en juego. Pedro, recordando que le había prometido a Jesús que moriría por él, sacó una espada y le cortó la oreja a un hombre. Pero Jesús le ordenó que guardara su espada. Tan violento fue el arresto de Jesús que cada discípulo corrió rápidamente para salvar su vida (véase S. Mateo 26:36–54).

Jesús fue llevado a la casa del sumo sacerdote, quien convocó una sesión extraña del tribunal, completada con testigos falsos, y allí condenaron a Jesús a muerte. Sólo un corto tiempo más tarde, temprano por la mañana, Jesús fue llevado a la corte de Poncio Pilato. Después de que el gobernador romano declarara inocente a Jesús, lo envió a Herodes, quien luego lo devolvió a Pilato. Allí Jesús fue declarado inocente nuevamente por el gobernador en un tribunal legal. No sabiendo qué otra cosa hacer, Pilato lo envío a un patio con la orden de que fuese flagelado con un látigo. Fue castigado tan cruelmente que los soldados casi lo mataron.

El gobernador romano intentó dialogar con la turba para persuadirla de la inocencia de Jesús, pero reconoció que no

podía dialogar y salvar su carrera política al mismo tiempo. Tuvo el extraño gesto de lavarse las manos públicamente y luego dar la orden de que Jesús fuera crucificado, aunque él había declarado la inocencia de Jesús en seis oportunidades (S. Mateo 27:15–24).

El Señor fue llevado a la colina del Gólgota, al lugar llamado *de la Calavera*. Al principio, Jesús fue obligado a llevar su propia cruz, pero cuando los soldados comprendieron que se estaba muriendo, hicieron que otro hombre llevase la cruz en su lugar. Allí Jesús fue clavado a una cruz, junto con otros dos hombres condenados a muerte (véase vers. 32–38). Para los soldados romanos, era rutinario crucificar a prisioneros. Después de una flagelación violenta, la mayoría de los prisioneros moría en el mismo día de haber sido clavados en la cruz. El cuerpo humano sólo puede resistir cierta cantidad de trauma antes de que empiece a dejar de funcionar. Lo que Jesús resistió en el día más oscuro de la historia del universo, nadie puede describir adecuadamente con palabras humanas.

Las manos benditas, crucificadas

A lo largo de todo su ministerio, Jesús fue conocido por sus manos. Los ciegos podían ver, los cojos podían caminar, los enlutados eran confortados, los hambrientos recibían alimentos, eran calmadas las tormentas, los muertos eran vueltos a la vida. Finalmente, esas manos benditas fueron detenidas. ¡Crucificadas!

Mientras que los sacerdotes triunfaban, burlándose al pie de la cruz de Jesús, él nunca se quejó ni protestó. Cuando los sacerdotes gritaron: "A otros salvó, a sí mismo no se puede salvar" (vers. 41 y 42), tenían toda la razón. Jesús no vino a salvarse a sí mismo, vino a salvarnos a nosotros. Los discípulos se dieron cuenta, con un terror indescriptible, que no era solamente que Jesús no iba a ser rey de Israel, ¡ahora se estaba muriendo en

¡público! La noticia, en ese mismo día, de que Judas se había ahorcado en un árbol cercano, aumentó el caos.

Todo en la vida de los discípulos se estaba desmoronando. Mientras ellos se escondían, esperando salvar su vida, se preguntaban qué les esperaba en un futuro, sin Jesús. Repentinamente, el cielo se oscureció y la tierra se sacudió. Se oyó un grito que anunciaba la muerte del Salvador en la cruz. Puesto que el sol ya se ponía, el cuerpo de Jesús fue enterrado con tanta precisión que ni siquiera pudieron ofrecer una oración a su lado. Sus amigos, enlutados, pasaron el sábado más largo y lúgubre de sus vidas, en confusión y desánimo.

Muy temprano el día domingo, un terremoto sacó a los discípulos de sus camas. El temblor fue suficientemente fuerte como para que todos corrieran a las ventanas con el propósito de ver qué estaba ocurriendo. Sólo media hora más tarde, María Magdalena llegó a la puerta, escaleras abajo, y golpeó persistentemente. Cuando entró, les dijo emocionada a los discípulos que ¡Jesús estaba vivo! Ella había hablado personalmente con él junto a la tumba. Su mensaje era que Jesús quería encontrarse con todos los discopulos en Galilea. Todavía aturdidos por los acontecimientos del fin de semana, los discípulos vacilaron y no le creyeron a María (véase S. Mateo 28:1-10).

Más tarde en ese mismo día, los discípulos experimentaron dos momentos más que alteraron sus vidas. El primero ocurrió cuando dos de ellos, que habían salido temprano en el día para ir a su casa en Emaús, ¡regresaron gozosos, diciendo que habían pasado la tarde caminando con Jesús! (véase S. Lucas 24:13-35). En ese mismo momento, se oyó una voz entre ellos que todos reconocieron claramente. "Paz a vosotros" (vers. 36), la bendición que más necesitaban, resonó como el sonido de un hermoso instrumento musical. Allí, en el mismo aposento alto donde habían tenido la cena de la Pascua con Jesús el jueves de noche, el Señor una vez más comulgó con sus discípulos. Se reunieron

alrededor de él como niñitos que habían estado perdidos todo el fin de semana. Lloraron sobre sus hombros y se aferraron a él, expresando la necesidad de seguridad. Había una comprensión nueva e inconfundible en sus corazones: ¡Éste no era el rey de Israel, era el Rey de reyes y Señor de señores!

Todo cobró sentido en la mente de cada discípulo. En ese momento, el reconocimiento de las incontables veces que Jesús había dicho que su reino no es de este mundo les mostró claramente el verdadero significado del discipulado. Ahora debían reflejar el carácter de Cristo a la humanidad perdida. Humildad, valor y espíritu de servicio serían su testimonio. Ahora debían vivir vidas que reflejaran el carácter de Cristo más allá de los servicios de la iglesia. El precio de nuestros pecados estaba ahora pagado completamente. Ahora el Evangelio estaba listo para ir a todo el mundo.

Hoy es tiempo de que Jesús viva su vida dentro de ti. Jesús dijo cierta vez: "Así alumbre vuestra luz delante de los hombres, para que vean vuestras buenas obras, y glorifiquen a vuestro Padre que está en los cielos" (S. Mateo 5:16). Lo que importa no es lo que tú haces, sino lo que Jesús quiere hacer en tu vida. Lo importante es lo que Jesús hace a través de ti en la comunidad, tanto dentro de la iglesia como también fuera de ella. Amar a la gente y aliviar su sufrimiento gana el derecho de hablarles del reino del Cielo.

Como un discípulo de Jesús, ¿has visto la señal del carácter de Cristo en tu vida? "Gustad, y ved que es bueno el Señor…" Hoy es el día.

LA SEÑAL DE SU ESPÍRITU

"Y después de esto derramaré mi Espíritu sobre toda carne, y pro-
fetizarán vuestros hijos y vuestras hijas; vuestros ancianos soñarán
sueños, y vuestros jóvenes verán visiones" (Joel 2:28).

Los discípulos se dirigieron a Galilea en cuidadosa obediencia al llamado de Jesús para encontrarse con él allí. Los aconte-
cimientos de la crucifixión y resurrección de Jesús los había afec-
tado grandemente. Cuando llegaron junto a la orilla del Mar de
Galilea, siete de los discípulos aprovecharon una noche para pescar y ganar algún ingreso necesario mientras esperaban que Jesús llegase.

Pero los peces no estaban mordiendo el anzuelo. Toda la noche probaron en una ensenada tras otra, pero sin resultado. Esto
probablemente significa que la noche estaba muy fría, haciendo
que los peces estuvieran más aletargados, buscando el sector más
profundo del lago.

Cuando el amanecer iluminó el horizonte, los cansados
discípulos oyeron una voz conocida que los llamaba desde la
orilla. La voz les ordenó: "Echad la red a la derecha de la
barca" (S. Juan 21:6). Demasiado cansados para discutir, y en
un sentido todavía aturdidos por el fin de semana en Jerusalén, los discípulos obedecieron la voz y echaron la red al otro
lado del bote. Las aguas comenzaron a moverse… Grandes
peces estaban saltando de todas direcciones dentro de la red.

El peso de esa gran cantidad de peces comenzó a ladear el bote.

Los discípulos se pusieron de pie rápidamente cuando vieron que la red estaba en peligro de romperse, con una enorme cantidad de peces que habían aparecido de la nada. La Biblia dice que había 153 peces "grandes" (vers. 11). Pedro saltó al agua, dando instrucciones a todos a fin de llevar la red a la orilla. Juan, Juan, el joven discípulo, exclamó gozosamente que el hombre que les había dicho que echaran la red al otro lado del bote ¡era Jesús!

Cuando llegaron a la costa, los discípulos vieron que Jesús había encendido un fuego y había preparado un desayuno de pescados, listos para comer. La fogata en la playa y la comida caliente preparada por Jesús constituían un momento muy significativo. Sólo tres años y medio antes, Jesús había venido a esa misma costa para llamar a los pescadores a ser sus discípulos. Les había prometido: "Venid en pos de mí, y haréis que seáis pescadores de hombres" (S. Marcos 1: 17). Comieron los peces del lago como preparación para la gran pesca de almas en los años venideros.

Preparando a los discípulos para su misión

Jesús empezó restaurando a Pedro entre sus compañeros, porque Pedro, movido por el temor, había negado a Jesús durante el juicio en la casa del sumo sacerdote. Con maldiciones y juramentos, Pedro hizo tres veces todo lo que pudo para desvincularse de su Señor, convencido de que de otro modo moriría. Ahora, públicamente, Jesús le preguntó tres veces a Pedro si lo amaba. Con lágrimas, Pedro afirmó que lo amaba, a lo cual Jesús respondió con un fuerte abrazo, diciendo: "Apacienta mis corderos" (S. Juan 21:15).

Durante los siguientes cuarenta días, un Cristo glorificado y resucitado repasó el ministerio y la misión con sus discípulos. Muchos otros discípulos también oyeron a Jesús hablar después

de su resurrección. En 1 Corintios 15:6, el apóstol Pablo escribió: "Después apareció a más de quinientos hermanos a la vez". Jesús había comenzado su ministerio viviendo cuarenta días en el desierto después de su bautismo. Sus discípulos ahora pasarían cuarenta días con él a fin de prepararse para el bautismo del Espíritu Santo.

En San Juan 14:25 al 28 se registra que Jesús les dijo: "Os he dicho estas cosas estando con vosotros. Mas el Consolador, el Espíritu Santo, a quien el Padre enviará en mi nombre, él os enseñará todas las cosas, y os recordará todo lo que yo os he dicho. La paz os dejo, mi paz os doy; yo no os la doy como el mundo la da. No se turbe vuestro corazón, ni tenga miedo. Habéis oído que yo os he dicho: Voy, y vengo a vosotros. Si me amarais, os habríais regocijado, porque he dicho que voy al Padre; porque el Padre mayor es que yo".

Después de cuarenta días, Jesús llevó a sus discípulos nuevamente a su amado Getsemaní sobre el Monte de los Olivos. El tiempo había pasado tan rápidamente y todos esperaban que seguirían gozando de más compañerismo. Los once discípulos sintieron cierta ansiedad al estar con Jesús en el mismo lugar de oración que juntos habían estado durante su ministerio. Allí Jesús había sido arrestado. Fue allí donde Jesús ahora los desafió a cumplir su destino.

San Mateo 28:18 al 20 registra la comisión que el Señor les dio en el monte: "Toda potestad me es dada en el cielo y en la tierra. Por tanto, id, y haced discípulos a todas las naciones, bautizándolos en el nombre del Padre, y del Hijo, y del Espíritu Santo; enseñándoles que guarden todas las cosas que os he mandado; y he aquí yo estoy con vosotros todos los días, hasta el fin del mundo".

¡Hacer más discípulos! Había llegado el tiempo para que el Evangelio fuese a todo el mundo. Jesús estaba lanzando la siguiente fase del ministerio para salvar a la humanidad. Sus

discípulos dirigirían un movimiento en su Nombre, llenos del Espíritu Santo, para el avance de su reino. El punto crucial de madurez espiritual en la vida de un discípulo es el momento cuando se convierte en maestro de nuevos discípulos.

Jesús había vivido y ministrado con doce discípulos. Ahora ellos debían salir y replicar en otros lo que habían llegado a ser en Jesús. Así como habían recibido de gracia, ahora debían dar de gracia a otros. Quienes recibían, a su vez replicaban con otros su experiencia de discipulado en Jesús. Esta multiplicación de discípulos llegaría a impactar a todo el Imperio Romano en muy pocos años. Ese movimiento de discipulado llegó a ser como un fuego arrasador que se extendió rápidamente de un corazón a otro en el nombre de Jesús. La pasión que impulsó al movimiento cristiano primitivo estaba encabezada por los que experimentaron una relación personal y genuina con Jesús.

Habiendo completado la enseñanza y preparación de sus discípulos para el movimiento, San Lucas 24:44 y 45 describe luego los detalles finales del ministerio de Jesús aquí en la tierra. "Y les dijo: Estas son las palabras que os hablé, estando aún con vosotros: que era necesario que se cumpliese todo lo que está escrito de mí en la ley de Moisés, en los profetas y en los salmos. Entonces les abrió el entendimiento, para que comprendiesen las Escrituras".

Luego les dijo: "Así está escrito, y así fue necesario que el Cristo padeciese, y resucitase de los muertos al tercer día; y que se predicase en su nombre el arrepentimiento y el perdón de pecados en todas las naciones, comenzando desde Jerusalén. Y vosotros sois testigos de estas cosas. He aquí, yo enviaré la promesa de mi Padre sobre vosotros; pero quedaos vosotros en la ciudad de Jerusalén, hasta que seáis investidos de poder desde lo alto" (vers. 46-49).

Cuando terminó la conversación, Jesús condujo a los discípulos en una caminata de dos kilómetros y medio hasta Betania.

Notaron que durante los cuarenta días desde la resurrección, Jesús había pasado tiempo con ellos en todos los lugares que les eran familiares en Galilea, donde les había enseñado, con el ejemplo, muchas lecciones. El Señor había completado la instrucción de los discípulos y ahora estaban preparados para realizar la gran comisión del Maestro. Cuando llegaron a las afueras del pueblo, todos sabían que estaban cerca del lugar donde Jesús había resucitado de los muertos a su mejor amigo, Lázaro.

Repentinamente, Jesús se detuvo y levantó sus manos. Allí, donde había predicado muchos sermones y realizado muchos milagros, Jesús bendijo a sus discípulos. Silenciosamente, y con sus manos todavía levantadas, Jesús comenzó a elevarse en el aire, más alto y más alto, hasta que desapareció en las nubes (vers. 50 y 51).

No esperando su partida, algunos de los discípulos seguramente gritaron que se quedara. Pero, inesperadamente, dos ángeles se hicieron visibles en medio de ellos. Les dijeron: "¿Por qué estáis mirando al cielo? Este mismo Jesús, que ha sido tomado de vosotros al cielo, así vendrá como le habéis visto ir al cielo" (Hechos 1: 11). ¡Jesús iba a volver en las nubes! Desde ese día en adelante, se haría referencia a su Segunda Venida con la expresión "la esperanza bienaventurada" (Tito 2:13).

La venida del Espíritu Santo

Los once discípulos regresaron a Jerusalén tal como Jesús había pedido. Su tarea era estar juntos en unidad, perdonándose sus diferencias y disputas unos a otros y orando juntos por el derramamiento del Espíritu Santo. En el capítulo 1 del libro de Hechos se nos dice que los discípulos regresaron al aposento alto en Jerusalén. Allí se les unieron María, la madre de Jesús, algunos de los hermanos de Jesús, y las mujeres que habían estado allí en su crucifixión. Oraron juntos como nunca antes por la bendición de Dios en sus vidas.

En los días siguientes, llegaron más discípulos para unirse al movimiento de oración en el aposento alto hasta que había un total de 120 personas. Allí escogieron a un hombre llamado Matías para reemplazar a Judas Iscariote, a fin de completar los doce discípulos para el ministerio del apostolado que debía seguir. Permanecieron juntos y perseveraron en oración y unidad ante Dios.

A medida que se acercaba el día de Pentecostés, la ciudad de Jerusalén palpitaba al ritmo de una actividad febril: miles de judíos de países de todo el mundo habían venido para las fiestas. Por toda la ciudad se oían el árabe, el griego, el somalí, dialectos del sur de Asia, el pérsico, el latín y muchos otros idiomas. Aunque no sabían qué iba a ocurrir, los discípulos continuaban juntos en oración, de común acuerdo, pidiendo continuamente a Dios que derramara el Espíritu Santo.

La respuesta llegó repentinamente. Se escuchó el sonido de un viento poderoso que irrumpió en la sala donde estaban reunidos los discípulos. El viento se convirtió en un estruendo con manifestaciones de poder como ninguno de ellos jamás había visto. Mientras se miraban el uno al otro, vieron lo que parecían ser llamas de fuego asentándose sobre la cabeza de cada uno. Tan poderoso era el ímpetu del viento que todos supieron instintivamente que éste era el movimiento del Espíritu Santo. ¡Jesús había cumplido su promesa!

Con confianza y claridad, ellos comenzaron a hablar en diferentes lenguas según el Espíritu les daba la capacidad para hacerlo. Entonces los discípulos salieron y se dispersaron entre las incontables personas que estaban en las calles de la ciudad, predicando de Jesús con poder y santa convicción. Nunca en la historia había habido un grupo de personas imbuido con tal poder. Mientras predicaban, la gente escuchaba maravillada al ver que cada uno podía entender los sermones en su propio idioma. Estos discípulos no eran sino hombres sencillos de Galilea, sin

embargo, ¿cómo podían hablar con tanta autoridad y conocimiento que aun los oyentes más educados sentían el desafío y la convicción de que necesitaban a Jesús?

Miles se bautizaron ese día en Jerusalén y miles más al día siguiente. A medida que el movimiento de hacer discípulos creció más allá de los límites de Israel, fueron establecidas iglesias en todas partes del Imperio, desde Europa, en el norte, hasta Asia, en el este, y África, en el sur.

En aquel entonces, había muy poco material escrito fuera de lo que era copiado a mano. Los cristianos tenían que "discipular" personalmente a otras personas. Esto me recuerda una experiencia en Perú donde tuve el honor de predicar en la "Caravana del Poder", una iniciativa evangelizadora nacional para hacer discípulos. Muy arriba, en el Altiplano de Perú, junto a las márgenes del Lago Titicaca, un anciano, con su piel bronceada por el sol y arrugado por los muchos años de vida en una planicie de 4.000 metros de altura sobre el nivel del mar, se me acercó y compartió su testimonio. Humildemente me dijo que Jesús lo había bendecido al llevar a más de cien almas al bautismo ese año.

Me sentí conmovido por la autenticidad de la fe de este caballero anciano. Le pregunté cómo había conducido a estas personas al Señor. Me contestó: "No puedo leer ni escribir. Como tengo más de ochenta años, es demasiado tarde para aprender. Pero Dios me da la bendición de amar a otros como él me ama a mí y servir a otros cómo él me sirvió". Se levantaba cada día a las 3:30 de la mañana, y salía a los collados y montañas de los Andes para ayudar a la gente en sus necesidades antes de que salieran a pastorear sus llamas, vacas y ovejas.

Cualesquiera fueran las necesidades de una familia, este hombre hacía lo mejor posible para suplirlas, o llevaba a alguien que podía hacerlo. A veces, sólo podía escuchar con simpatía lo que le contaban, o dar el toque afectuoso de un abuelo. Aunque

no podía dar un estudio bíblico a las personas que visitaba, les demostraba lo que él había aprendido de Jesús por la manera en que los amaba y los servía. La gente se sentía tan conmovida por la bondad de este anciano, que iban a la iglesia y rápidamente aceptaban el bautismo. Yo estuve allí para bautizar a personas conducidas a Jesús por el anciano del Altiplano de Perú. En su conjunto, el movimiento de hacer discípulos en Perú condujo a miles de personas al bautismo en las dos semanas que estuve allí.

Cuando venga el Espíritu otra vez

El día de Pentecostés fue un día histórico que marcó el lanzamiento de la era cristiana. El movimiento comenzó con los discípulos. Así será en estos últimos días: el movimiento terminará con los discípulos. Éste es el modelo de Cristo. Pero habrá de venir algo mucho más poderoso que ese día de Pentecostés de hace tanto tiempo en Jerusalén. Un derramamiento final del Espíritu Santo superará cualquier cosa que haya ocurrido antes, porque ha de ser el último movimiento antes de la Venida de Jesús.

En Joel 2:28, Dios promete que su Espíritu será derramado sobre toda carne y que sus hijos e hijas profetizarán. En el día de Pentecostés descendió el Espíritu Santo, sin embargo no todos recibieron la bendición, porque no todos respondieron al llamado a orar y a unirse con sus compañeros creyentes. Del mismo modo, en los últimos días se nos dice que el Espíritu Santo será derramado, pero muchos no lo verán ni lo discernirán.

Actualmente se puede identificar a los discípulos de Jesús por la presencia de las siete señales en sus vidas. Se reconoce a un verdadero discípulo por el perdón purificador de *la señal del Salvador,* y por un profundo sentido de pertenencia mediante *la señal de su reino.* Una persona que vive *la señal de su pueblo* ha llegado a experimentar los Diez Mandamientos como el gozo de

amar y servir a Dios, y también de amar a las personas creadas a su imagen. El amor de Dios no deja a ciegas a su pueblo, sino que le envía advertencias proféticas, y se expresa mediante *la señal de la misericordia*. El discípulo ardiente en su fe comprende el privilegio de *la señal de la fidelidad* en el diario vivir, porque Dios es fiel y su Hijo es fiel, aun hasta la muerte. *La señal del carácter de Cristo* llega a ser siempre muy relevante y atractiva, porque el discípulo experimenta el amor real que Jesús vivió y que ahora puede compartir con otros. *La señal del Espíritu* desencadenará el movimiento de hacer discípulos en la tierra, lo que conducirá a la Segunda Venida de Cristo.

La señal de su Espíritu es la señal más grande de todas. Las primeras seis señales expresan lo que Dios hace para transformarnos a su imagen. La última señal nos da el poder del Espíritu Santo para salir y reflejar su carácter sobre la vida de otros, lo que producirá más discípulos. Podemos exclamar con el apóstol Pablo: "Cristo es en vosotros la esperanza de gloria" (Colosenses 1:27), porque hemos llegado al punto de decir: "Porque para mí el vivir es Cristo" (Filipenses 1:21).

¿Dónde puedes observar hoy estas señales? No necesitas mirar demasiado lejos para verlas. Si escudriñas con un corazón abierto y contrito, ¡verás las siete señales en ti! Ser un discípulo de Cristo no es complicado. Es la entrega de tu yo a Jesús, lo que genera una vida transformada que va más allá de la mera creencia en la verdad. Es el compromiso de vivir apasionadamente la vida de Jesús, para compartirla en forma contagiosa con un mundo deshecho, hambriento de perdón y restauración.

Así, terminamos este libro con las mismas palabras con las que lo comenzamos: La vida que da más frutos y que más impacta en este mundo es la que se forja por la obra del Espíritu Santo: lo que Dios hace por medio de una persona servicial, humilde y valiente.

¡UN CURSO GRATUITO PARA USTED!

Si la lectura de este libro lo ha inspirado a buscar la ayuda divina, tiene la oportunidad de iniciar un estudio provechoso y transformador de las Escrituras, sin gasto ni compromiso alguno de su parte.

Llene este cupón y envíelo por correo a:
La Voz de la Esperanza
P. O. Box 53055,
Los Angeles, CA 90053
EE. UU. de N. A.

✂ - - - - - - - - - - - - - - - - Cupón -

Deseo inscribirme en un curso bíblico gratuito por correspondencia

❏ Tesoros de Vida (20 lecciones)
❏ Descubra (26 lecciones)

Nombre_____
Calle y No._____
Ciudad_____
Prov. o Estado_____
Código Postal (Zip Code)_____
País_____